Michael Hahn

Die Schwarze Königin

... Muschelrezepte aus aller Welt

Jahr Verlag Hamburg

Jahr-Verlag GmbH & Co.

Jessenstraße 1, D-22767 Hamburg

Telefon 040 / 38906-0

Telefax 040 / 38906-302

Rezepte: Michael Hahn

Gestaltung: Isabel Jahr

Fotos: Studio Radeloff, Pinneberg

Satzherstellung/DTP: Jahr-Verlag Hamburg

Lithografie: Holtz-Druck

Druck und Bindung: Holtz-Druck

ISBN 3-86132-157-2

Inhalt

Vorwort

Auch wenn man Muscheln mittlerweile das ganze Jahr über kaufen kann, halte ich mich persönlich an die alte Regel, sie nur in den Monaten mit einem "r" zu essen, also von September bis April. So verzichte ich auch auf Erdbeeren in den Wintermonaten und Spargel außerhalb der Monate April bis Juni, denn der wahre Feinschmecker zeichnet sich auch durch Beschränkung aus. Perlen werden Sie in Miesmuscheln vergeblich suchen. Doch auch so sind sie stets ein schöner Fang für Gäste. Man schmaust gesellig mit den Fingern und obendrein noch leicht und preiswert. Wäre die Miesmuschel so selten und teuer wie ihre luxuriöse Schwester, die Auster, um wieviel würde ihr Ansehen gleich steigen! Doch nur Snobs achten die zierliche Muschel gering. Bei den echten Feinschmeckern in aller Welt steht sie seit eh und je hoch im Kurs. Deshalb ist es erstaunlich, daß selbst namhafte Köche an Deutschlands Ost- und Westküsten nur von fünf bis zehn verschiedenen Rezepten über die Zubereitung dieser Muschelart berichten. Zugegeben, lange Zeit hatte ich selbst ein recht "mieses" Verhältnis zu diesem schwarzen Schalentier. Schuld daran war unsere erste, buchstäblich hautnahe Begegnung. In Travemünde aufgewachsen, wurde ich in jungen Jahren an einem warmen, aber stürmischen Tag beim Baden von den Wellen gegen die dicht mit Miesmuscheln bewachsenen Pfähle der Seebrücke geworfen (die Miesmuschel heißt auch Pfahlmuschel), was mir einige schmerzhafte Schürfwunden eintrug. Wie heißt es aber so schön?: "Die Zeit heilt alle Wunden". So auch die meinen. Allerdings mußte ich erst 30 Jahre alt werden, um bei einer Einladung erste positive Kontakte zu diesem Schalentier zu bekommen. Seit nunmehr 20 Jahren bin ich der Muschel als Hobbykoch "verfallen", was sich in einer Sammlung von rund 100 Muschelrezepten, darunter acht selbtkreierten, dokumentiert. Ermutigt durch zahlreiche Veröffentlichungen in Hausfrauen- und Gourmet-Zeitschriften habe ich in diesem Buch 85 der schönsten Rezepte für Sie ausgewählt. Ich wünsche Ihnen viel Erfolg beim Nachkochen und guten Appetit im Kreis lieber Freunde.

Michael Hahn, 3. Juli 1995

Miesmuscheln gar nicht so mies!

Anregungen, Tips und Wissenswertes

1. Muschelkauf ist Vertrauenssache. Kaufen Sie Ihre Muscheln immer von derselben Quelle. Bestellen Sie die gewünschte Menge gegebenenfalls vorher.

2. Bei einigen Rezepten könnten Sie durchaus auf fertige Muscheln aus dem Glas zurückgreifen. In Anlehnung an die "Kochphilosophie" des großen Bocuse empfehle ich jedoch wegen des unvergleichlichen Geschmacks, trotz der Mehrarbeit, frische Muscheln, Zutaten, Kräuter und Gewürze zu verwenden.

3. Wie frisch Muscheln sind, läßt sich am ehesten feststellen, wenn sie sich in klarem, kühlem Wasser öffnen und dabei Luftbläschen aufsteigen.

4. Ein weiteres Zeichen für die Lebendigkeit der Muschel ist, wenn Sie mit einem Teelöffel auf das Schalengehäuse klopfen und sie sich dann langsam schließt. Kaputte Muscheln sollten Sie gleich aussortieren.

5. Selbst wenn Sie die unter Punkt 3 und 4 genannten Kriterien für die Frische der Muscheln nicht feststellen, müssen diese nicht ungenießbar sein. Der wichtigste Beweis für ihre Genießbarkeit ist, wenn sie sich nach 10-15minütigem Kochen geöffnet haben. Im Zweifelsfall sollten alle Muscheln, die nicht mindestens einen knappen Zentimeter geöffnet sind, aussortiert werden.

6. Obwohl die Muscheln heutzutage maschinell vorgereinigt werden, müssen sie überprüft und gegebenenfalls gründlich gewaschen werden. Eventuelle Pocken und Byssusfäden (Bärte) lassen sich gut mit einem Kartoffelschälmesser (gebogene Schneide) entfernen. Ziehen Sie die Byssusfäden dabei zur Muschelspitze hin ab.

7. Da die Vorbereitung der Muschelgerichte meist ziemlich arbeitsaufwendig ist, empfehle ich, zum Essen nicht mehr als vier bis fünf Personen einzuladen, um sich nicht unnötig unter Druck zu setzen. Ich habe die Rezepte daher bis auf wenige begründete Ausnahmen auf vier Personen abgestellt.

8. Noch geselliger wird das Muschelessen, wenn die Gäste schon eine Stunde vorher kommen und sich alle am Putzen, Waschen und Schnippeln der Zutaten beteiligen. Nach gemeinsamer Arbeit schmeckt das Essen nochmal so gut.

9. Da die Muscheln durch das Öffnen ihr Volumen erheblich vergrößern, sollten Sie immer einen großen (dekorativen) Topf verwenden.

Muscheln in Kräutersud

für 4 Personen

Zutaten: 3 kg frische Miesmuscheln, 8 Schalotten, 2 EL Butter, 1/8 l Weißwein,
2 EL gehackte frische Petersilie, 2 EL gehackte, gemischte frische Kräuter
(Dill, Rosmarin, Salbei, Kerbel), Salz, Pfeffer aus der Mühle.

Zubereitung: 1. Die Schalotten hacken und in der Butter andünsten.
2. Mit dem Wein ablöschen.
3. Kräuter und Muscheln dazugeben und bei mäßiger Hitze garen, bis sich
die Schalen geöffnet haben.
4. Die Muscheln in eine vorgewärmte Schüssel umfüllen.
5. Den Kräutersud mit Salz und Pfeffer abschmecken und wieder über
die Muscheln geben.

Muscheln in Feuersauce

für 4 Personen

Zutaten: 2 kg frische Miesmuscheln, 2 Bund Suppengrün, 1 Zwiebel, 20 g Butter, 2 Knoblauchzehen, 500 g Tomaten, 1/4 l trockener Weißwein, 1 Tasse „Sangrita" (scharfer Tomatensaft), Pfeffer aus der Mühle, Zucker, Salz.

Zubereitung:
1. Das Suppengrün putzen, waschen und sehr klein würfeln. Die Zwiebeln fein hacken.
2. Alles im heißen Fett andünsten.
3. Die fein gehackten Knoblauchzehen zufügen.
4. Die Tomaten überbrühen, schälen, entkernen, achteln und zum übrigen Gemüse geben. Gut durchdünsten.
5. Mit dem Wein ablöschen, dann „Sangrita" dazugeben.
6. Mit Pfeffer, Zucker und Salz pikant, scharf abschmecken.

Dazu gebuttertes Schwarzbrot und zum „Löschen" ein süffiges Bier.

Muscheltopf „Shanghai"

für 4 Personen

Zutaten: 3 kg frische Miesmuscheln, 50 g Margarine, 3 Zwiebeln, 1/2 l Wasser, 1 Stück frische Ingwerknolle, 100 g getrocknete Morcheln, 1 Dose Bambussprossen, 1 Dose Sojakeime, 1 kleines Päckchen Glasnudeln, Salz, flüssiger Süßstoff, Cayennepfeffer, süß-scharfe Sojasoße.

Zubereitung:
1. Vorab die Morcheln 1 - 2 Stunden im Wasser quellen lassen.
2. Die Zwiebeln in Ringe schneiden und in der heißen Margarine andünsten.
3. Mit Wasser ablöschen.
4. Die Morcheln abtropfen lassen, den Ingwer raspeln und die Bambussprossen in Scheiben schneiden.
5. Diese Zutaten, die Sojakeime und den Glasnudeln in den Topf geben und bei mäßiger Hitze kochen, bis die Bambussprossen „gar" sind (je nach individuellem Wunsch bißfester oder weich).
6. Den Sud mit Salz, Süßstoff, Cayennepfeffer, der Sojasoße und evtl. noch etwas Ingwer abschmecken.
7. Die Muscheln in den Topf geben und bei mittlerer Hitze kochen, bis sich die Schalen geöffnet haben.

An kalten Tagen wärmt dieses Muschelgericht sehr gut, insbesondere wenn heißer Reiswein dazu getrunken wird. Probieren Sie's mal!

Muschel-Nudeltopf „Boston"

für 4 Personen

Zutaten: 1 1/2 kg frische Miesmuscheln, 1/2 l Wasser, 250 g grüne Bandnudeln, 30 g Margarine, 1 Knoblauchzehe, 1 gewürfelte Zwiebel, 300 g Champignons, 2 Bd. Petersilie, Salz, Pfeffer, Zwiebelpulver.

Zubereitung:
1. Die Muscheln im leicht gesalzenen Wasser kochen, bis die Schalen sich geöffnet haben.
2. Parallel dazu die Bandnudeln ebenfalls in Salzwasser kochen, abgießen und abschrecken.
3. Die Margarine im Topf erhitzen sowie Knoblauchzehe, Zwiebelwürfel, Champignons und gehackte Petersilie andünsten.
4. Den Muschelsud angießen und alles kurz aufkochen lassen.
5. Das Muschelfleisch aus den Schalen entnehmen und mit den Bandnudeln zum Muschel-/Gemüsesud geben.
6. Noch einmal kurz erhitzen und gut abschmecken.

Muscheln in Curry-Sahne

für 4 Personen

Zutaten: 3 kg frische Miesmuscheln, 400 g Sahne, 1 EL frische oder eingelegte grüne Pfefferkörner, grob gehackt, 1 EL Madras-Curry, 125 g Zwiebeln, 40 g Butter, 1/4 l trockener Weißwein.

Zubereitung:
1. In einem Stieltopf die Sahne mit dem Pfeffer einköcheln lassen. Currypulver einrühren.
2. Die Zwiebeln schälen, klein würfeln. In heißer Butter andünsten.
3. Mit dem Wein ablöschen.
4. Die Muscheln zufügen und im geschlossenen Topf garen, bis sich die Schalen geöffnet haben.
5. Die Muscheln mit einer Schaumkelle in eine große, vorgewärmte Schüssel umfüllen.
6. Die Curry-Sahne mit dem Sud mischen, nochmals kurz erhitzen und über die Muscheln geben.

Dazu knuspriges Baguette und einen trockenen „Weißen".

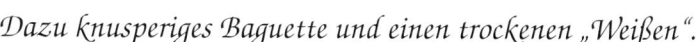

Muscheln mit Resonanz

für 4 Personen

Zutaten: 2 1/2 kg frische Miesmuscheln, 2 EL Margarine, 1 Zwiebel, 3 Möhren, 1/2 Tasse Wasser, 1 Fl. Tomatenketchup (340 g), 1 Ds. weiße Bohnen, italienische Kräutermischung, Salz, Pfeffer.

Zubereitung: 1. Zwiebel und Möhren grob würfeln. Im heißen Fett dünsten.
2. Mit dem Wasser ablöschen.
3. Ketchup und weiße Bohnen zugeben.
4. Mit den Kräutern, Salz und Pfeffer würzen.
5. Die Muscheln zugeben und bei mittlerer Hitze garen, bis sich die Schalen geöffnet haben.

Muscheln „in Rot"

für 4 Personen

Zutaten: 3 kg frische Miesmuscheln, 1 großes Bd. Suppengrün, 2 Zwiebeln,
20 g Margarine, 1 Knoblauchzehe, 1 Fl. Tomatenketchup (340 g),
1 l Weißwein, Salz, 1 Prise Zucker, frischgemahlener Pfeffer.

Zubereitung:
1. Suppengrün und Zwiebeln fein würfeln und in einem großen Topf in der Margarine andünsten.
2. Die zerdrückte Knoblauchzehe dazugeben.
3. Mit Ketchup und Wein ablöschen.
4. Mit den Gewürzen herzhaft abschmecken.
5. Auf schwacher Hitze ca. 10 Min. kochen lassen.
6. Die Muscheln in den stark kochenden Sud geben und ca. 15 Min. garen. In dem heißen Sud servieren.

Muscheln „Nordmannsart"

für 4 Personen

Zutaten: 3 kg frische Miesmuscheln, 5 EL Margarine, 5 Zwiebeln, 1/2 l trockenen Weißwein, 1/2 TL Kümmel, 5 Wacholderbeeren, 1 Töpfchen Schmand, 4 cl Aquavit, Pfeffer, Salz, Zucker.

Zubereitung: 1. Die Zwiebeln in Ringe schneiden und in der heißen Margarine glasig schmoren.
2. Mit dem Wein ablöschen und kurz aufkochen.
3. Kümmel und Wacholderbeeren zufügen und bei mittlerer Hitze 10 Min. kochen lassen.
4. Die Muscheln hineingeben und bei verstärkter Hitze kochen lassen, bis sich die Schalen geöffnet haben (ca. 10-15 Min).
5. Die Muscheln mit einer Schaumkelle in eine vorgewärmte Schüssel umfüllen.
6. Den Sud etwas einkochen lassen, mit dem Schmand glätten und mit Aquavit, Pfeffer, Salz und Zucker „nordisch" abschmecken.

Hierzu schmeckt das typische dänische Weizen-Mohnbrot mit leicht gesalzener dänischer Butter und zur Verdauung „En danske snaps" - nämlich ein dänischer Aquavit.

Muscheln mit Zitronen-Mayonnaise-Dip

für 4 Personen

Zutaten: 3 kg frische Miesmuscheln, 1 Bd. Suppengrün, 4 Zwiebeln, 1 TL schwarze Pfefferkörner, 1 kl. Lorbeerblatt, 1/2 l trockener Weißwein, 100 g Mayonnaise, 2 EL Vollmilchjoghurt oder Dickmilch, 1 unbehandelte Zitrone, Salz, weißer Pfeffer, Zucker.

Zubereitung:
1. Das Suppengrün putzen, waschen, zerkleinern. Die Zwiebeln schälen und in Scheiben schneiden.
2. Pfefferkörner, Lorbeerblatt, Wein, und 1/4 l Wasser mit Salz in einem großen Topf aufkochen.
3. Suppengrün und Zwiebeln in den Topf geben und 10 Min. kochen.
4. Die Muscheln zugeben, bei starker Hitze und geschlossenem Deckel ca. 10-15 Min. kochen, bis sich die Schalen geöffnet haben.
5. Parallel dazu die Mayonnaise mit Joghurt glatt rühren. Die Zitrone waschen, Schale abreiben und die Frucht auspressen.
6. Die Mayonnaise mit der Zitronenschale, 2 EL Zitronensaft, Salz, Pfeffer und Zucker abschmecken und in 4 Schälchen anrichten.

Muscheln mit Crème-fraîche-Sauce

für 4 Personen

Zutaten: 3 kg frische Miesmuscheln, 2 Zwiebeln, 2 Gewürznelken, 2 Lorbeerblätter, Schale von 1 Zitrone, 1 l trockener Weißwein, 150 g Crème fraîche, 2 Eigelb, 1 Bd. Dill, Pfeffer aus der Mühle.

Zubereitung:
1. Die Zwiebeln schälen und mit Nelken spicken.
2. Die Ziebeln mit dem Lorbeer und der Zitronenschale im Wein aufkochen.
3. Die Muscheln dazu in den Topf geben und kochen, bis sich die Schalen geöffnet haben (ca. 15-20 Min.).
4. Die Muscheln in eine vorgewärmte Schüssel geben.
5. Crème fraîche in die Sud geben und bei schwacher Hitze etwas einkochen lassen.
6. Die Hitze abstellen, Eigelb sowie gehackten Dill unter den Sud ziehen. Kräftig pfeffern. Die Soße über die Muscheln geben und mit 2-3 Dill-zweigen dekorieren.

Muscheln in Sahnesud

für 4 Personen

Zutaten: 3 1/2 kg frische Miesmuscheln, 2 rote Paprikaschoten, 3 Zwiebeln,
30 g Butter, 1/4 l Weißwein, 1 Becher Schlagsahne (250 g), Petersilie.

Zubereitung: 1. Die Paprikaschoten putzen, waschen und in Streifen schneiden, die Zwiebeln abziehen und in Ringe schneiden.
2. Zwiebeln und Paprika in der heißen Butter andünsten.
3. Muscheln, Wein und Schlagsahne zugeben und ca. 10-15 Min dünsten, bis sich die Schalen geöffnet haben.
4. Zum Servieren die Muscheln und das Gemüse in eine vorgewärmte Schüssel und den Sud darüber geben.

Dazu Baguette.

Muscheln in Basilikum

für 4 Personen

Zutaten: 3 kg frische Miesmuscheln, 800 g Tomaten, 5 EL Öl, Salz, Pfeffer, 1 Bd. Basilikum, 1/2 l trockener Weißwein, 3 EL Schlagsahne.

Zubereitung:
1. Die Tomaten kreuzweise einritzen, kurz in kochendes Wasser halten, abschrecken und häuten. Die Tomatenkerne entfernen und die Tomaten fein würfeln.
2. Die Tomatenwürfel in das erhitzte Öl geben, kräftig salzen und mit frisch gemahlenem Pfeffer würzen.
3. Basilikum, Wein und Muscheln zugeben und so lange kochen, bis sich die Schalen öffnen. Topf gelegentlich schütteln, damit die Muscheln gleichmäßig gar werden.
4. Die Muscheln mit einer Schaumkelle herausheben und das Fleisch aus den Schalen lösen.
5. Die Sahne in den Sud einrühren und 1-2 Minuten kochen lassen.
6. Die Basilikumblätter mit der Küchenschere in feine Streifen schneiden.
7. Die Soße abschmecken, das Muschelfleisch wieder hineingeben, das Basilikum darüberstreuen und nochmals alles kurz erhitzen.

Mit Knoblauchbrot und Weißwein servieren.

Spaghetti-Muschel-Topf

für 4 Personen

Zutaten: 2 1/2 kg frische Miesmuscheln, 1 Bd. Suppengrün, 2 Zwiebeln, 250 ml Wasser, 750 ml Weißwein, 8 Pfefferkörner, 500 g Spaghetti, 1 EL Öl, 50 g Butter, Soßenbinder, Salz, Pfeffer.

Zubereitung:
1. Das Suppengrün putzen, waschen und kleinschneiden. Die Zwiebeln schälen und würfeln.
2. Wasser, Wein, Suppengrün und Pfefferkörner in einem großen Topf zum Kochen bringen und ca. 15 Min. angaren.
3. Die Muscheln zugeben und im zugedeckten Topf ca. 10. Min. kochen lassen, bis sich die Schalen geöffnet haben.
4. Muscheln und Gemüse mit einer Schaumkelle in eine vorgewärmte Schüssel umfüllen.
5. Das Öl zu dem Sud geben, die Spaghetti einlegen und 10 Min. kochen lassen. Den Sud abgießen und auffangen. Die Spaghetti abtropfen lassen und mit der Butter mischen.
6. Den Sud leicht binden, mit Salz und Pfeffer abschmecken und separat in kleinen Schälchen zum Gericht reichen, als Dip für das hierzu passende Baguette.

Muscheln in Tomaten-Kapern-Soße

für 4 Personen

Zutaten: 1 kg frische Miesmuscheln, 2 Zwiebeln, 1 Dose geschälte Tomaten (800 g), 1 Glas Kapern (40 g), weißer Pfeffer, Salz.

Zubereitung:
1. Die Zwiebeln fein würfeln, im erhitzten Öl glasig dünsten.
2. Die Tomaten mit Flüssigkeit zugeben und 10 Min. einkochen lassen.
3. Die Kapern zufügen und mit Pfeffer und Salz abschmecken.
4. Die Muscheln zugeben und 10-15 Min. kochen, bis sich die Schalen geöffnet haben.

Muscheltopf St. Petersburg

für 4 Personen

Zutaten: 3 kg frische Miesmuscheln, 50 g Margarine, 125 g durchwachsener Speck, 4 Zwiebeln, 1 Bd. Suppengrün, 500 g Rote Bete, 500 g Weißkohl, 4 Tomaten, 2 EL Weinessig, 1 TL Kümmelkörner, 1 l Rinderbrühe, 1 Bd. Petersilie, 1 Lorbeerblatt, Zucker, Salz, Pfeffer, etwas Soßenbinder, 1 Bd. Dill, 1 Becher saure Sahne.

Zubereitung:
1. Die Margarine in einem großen Topf erhitzen.
2. Die Rote Bete waschen, schälen und in 1 cm dicke Stifte schneiden. Die Zwiebeln und den Speck in Würfel schneiden. Suppengrün putzen und klein schneiden. Alles im Fett andünsten.
3. Den Weißkohl entstrunken, in 2 - 3 cm große Stücke schneiden. Die Tomaten ebenfalls würfeln. Weißkohl, Tomatenwürfel, Essig, Kümmel und 2 EL Zucker in den Topf geben und alles kurz anschmoren.
4. Mit der Rinderbrühe ablöschen.
5. Die Petersilie waschen, zu einem kleinen Sträußchen binden und mit dem Lorbeerblatt in die Suppe geben.
6. Alles im geschlossenen Topf bei mittlerer Hitze 10 - 15 Minuten garen.
7. Die gesäuberten Muscheln dazu geben und bei mittlerer Hitze 10 - 15 Minuten gar köcheln.
8. Dann Muscheln und Gemüse mit einer Schaumkelle in eine vorgewärmte Schüssel umfüllen und weiter warm stellen.
9. Das Petersilie-Sträußchen entfernen, den Sud mit Salz, Zucker und frisch gemahlenem Pfeffer abschmecken und mit dem Soßenbinder etwas andicken.
10. Füllen Sie für jeden Gast etwas Soße in ein kleines Schälchen (als Dip für Muscheln und Brot), und geben Sie den Rest über die Muscheln.
11. Geben Sie auf die Dips und die Muscheln einen Klacks saure Sahne, und garnieren Sie mit dem gewaschenen und klein geschnittenen Dill.

Zu diesem Gericht paßt am besten ein kräftiges Graubrot, als Getränk ein würziges Bier und zum stilgerechten Abschluß ein eisgekühlter Wodka.
„Prijatnowo appetita i nasdrowje" („Guten Appetit und Prost")!

Fenchel-Muscheltopf

für 4 Personen

Zutaten: 2 kg frische Miesmuscheln, 2 EL Butter, 1 gr. Fenchelknolle, 2 Zwiebeln, 2 Porreestangen, 2 Möhren, 1/2 l Fleischbrühe, 1/4 l Weißwein, 1/4 l Schlagsahne, 1 Eigelb, Salz, Pfeffer.

Zubereitung:
1. Die Fenchelknolle würfeln. Zwiebeln und Porree in Ringe und die Möhren in Scheiben schneiden.
2. Alles in der Butter andünsten.
3. Mit der Fleischbrühe und dem Weißwein ablöschen. Zum Kochen bringen.
4. Die Muscheln zugeben und bei mittlerer Hitze kochen, bis sich die Schalen geöffnet haben.
5. Die Muscheln und das Gemüse mit einer Schaumkelle in eine vorgewärmte Schüssel umfüllen.
6. Die Sahne und das Eigelb verrühren und in den Sud einmischen.
7. Mit Salz und Pfeffer abschmecken.

Muschelcurry mit Bleichsellerie

für 4 Personen

Zutaten: 3 kg frische Miesmuscheln, 3 EL Pflanzenöl, 2 mittelgroße Zwiebeln, 1 Möhre, 1 TL frisch geriebene Ingwerwurzel, 1 TL gemahlener Koriander, 1 TL gemahlene Gelbwurz, 1 Messerspitze Cayennepfeffer, 2 Stangen Bleichsellerie, Saft einer halben Zitrone, 2 EL feingeschnittene glatte Petersilie.

Zubereitung:

1. Das Öl in einem großen Topf erhitzen. Die feingewürfelten Zwiebeln und die in Streifen geschnittene Möhre 5 Min. unter ständigem Rühren glasig dünsten.
2. Ingwer, Koriander, Gelbwurz, Cayennepfeffer, Zucker und etwas Salz einstreuen und bei milder Hitze unter Rühren 5 Min. mitdünsten.
3. Die Muscheln tropfnaß in den Topf geben. Zugedeckt bei mittlerer Hitze 10 -15 Min. garen, bis sich die Schalen öffnen. In den letzten 5 Min. den in feine Scheiben geschnittenen Bleichsellerie zufügen.
4. Den Muschelcurry mit Zitronensaft würzen und mit Petersilie bestreuen.

Safran-Muscheln à la Gemmel

für 4 Personen

Zutaten: 3 kg frische Miesmuscheln, 4 Päckchen Safranfäden, 1/2 l Weißwein, 4 Zwiebeln, 2 Möhren, Salz, Pfeffer, 1/4 l Fleischbrühe (Instant), 1/2 l Schlagsahne, 100 g Butter, 1 EL grob gehackte Petersilie.

Zubereitung:
1. Die Safranfäden mit 8-10 EL Wasser 5 Min. aufkochen lassen.
2. Den Sud aus Wein, in Scheiben geschnittenen Möhren, Zwiebelringen, wenig Salz und Pfeffer sowie Fleischbrühe kochen.
3. Die Muscheln in dem Sud bei geschlossenem Deckel 10-15 Min. garen. Danach die Muscheln mit einer Schaumkelle entnehmen und beiseite stellen.
4. Den Sud mit Sahne, dem gesiebten Safransud und Butter aufkochen lassen.
5. Die Muscheln darin nochmals erhitzen und mit Petersilie dekorieren.

Muschel-Topf „Brabant"

für 4 Personen

Zutaten: 3 kg frische Miesmuscheln, 1 Bd. Suppengrün, 2 Zwiebeln, 3 EL Öl, 1/2 l Milch, 125 g geräuchertes Bauchfleisch oder Schinkenspeck, 4 EL saure Sahne, 1 Bd. Petersilie, Paprikapulver, Pfeffer, Salz.

Zubereitung:
1. Das Suppengrün waschen und hacken und die Zwiebeln würfeln.
2. Je die Hälfte des Suppengrüns und der Zwiebeln mit 2 EL Öl, Salz, Pfeffer und der Milch aufkochen.
3. Die Muscheln hineingeben und zugedeckt ca. 10. Min. kochen lassen, bis sich die Schalen geöffnet haben.
4. Währenddessen das gewürfelte Bauchfleisch, die restlichen Zwiebeln und das übrige Suppengrün in 1 EL Öl glasig dünsten.
5. Die Muscheln in eine vorgewärmte Schüssel umfüllen und warm stellen.
6. Den durchgeseihten Sud zu der Zwiebel-Speck-Mischung geben und 2-3 Min. kochen. Mit Paprika, Salz und Pfeffer abschmecken, saure Sahne und gehackte Petersilie einrühren und alles über die Muscheln geben.

Dazu paßt Weiß- oder Bauernbrot.

Muscheln „Frère Jacques"

für 4 Personen

Zutaten:
3 kg frische Miesmuscheln, je 250 g Möhren und Zwiebeln, je 2 Bd. Petersilie und Schnittlauch, einige Zweige Thymian, 3 4 Lorbeerblätter, 100 g Butter, 3 EL Mehl, 1/2 l trockener Weißwein, 2-3 cl Anis-Aperitif (wie z.B. Pastis), 3 Knoblauchzehen, 2 Eigelb, Salz, Pfeffer.

Zubereitung:
1. Zwiebeln und Petersilie grob hacken.
2. Möhren in dünne Scheiben und Schnittlauch in Röllchen schneiden.
3. Möhren, Zwiebeln, jeweils die Hälfte der Petersilie und des Schnittlauchs sowie Thymian und Lorbeer in der Butter andünsten.
4. Den Wein einrühren.
5. Die Muscheln dazu geben und ca. 18-20 Min. bei kleiner Hitze köcheln, bis sich die Schalen geöffnet haben.
6. Die Muscheln mit einer Schöpfkelle in eine vorgewärmte Schüssel umfüllen.
7. Die Knoblauchzehen pressen, in die Soße einrühren und nochmals kurz aufkochen.
8. Die beiden Eigelb und die restlichen Kräuter einrühren. Soße mit Salz, Pfeffer und dem Anis-Aperitif abschmecken.

Wie bei den meisten französisch orientierten Rezepten paßt auch hier als Zugabe das Baguette und als Getränk der im Rezept verwendete Weißwein.

33

Flämische Muscheln

für 4 Personen

Zutaten: 4 kg frische Miesmuscheln, 1/4 Tasse Wasser, 1 schöner Staudensellerie,
4 Zwiebeln, Salz, Pfeffer.

Zubereitung:
1. Die Zwiebeln schälen und in dünne Ringe schneiden und in einem großen Topf im Wasser andünsten.
2. Inzwischen den Sellerie waschen, grob schneiden und 10 Min. im geschlossenen Topf garen.
3. Die gut gesäuberten und entbarteten Muscheln zugeben und bei mittlerer Hitze 10-15 Minuten kochen, bis sich die Schalen geöffnet haben.
4. Die Muscheln werden samt Sud und Gemüse serviert.

Muscheln à la Bocuse

für 4 Personen

Zutaten: 3 kg frische Miesmuscheln, 1 El Margarine, 200 g durchwachsener Speck, 300 g frische Champignons, 1 Fl. roter franz. Landwein, 3 Bd. Frühlingszwiebeln, 3 Knoblauchzehen, 4 Karotten, 1 Zweig Bleichsellerie, 1 Zweig Thymian, Soßenbinder, Crème Fraîche, 1 kl. Glas Cognac, Salz, Pfeffer, 3 EL gehackte Petersilie.

Zubereitung:
1. Den Speck in Würfel schneiden und in der Margarine anbraten.
2. Mit ca. 1/3 l Wein ablöschen.
3. Knoblauchzehen in dünne Scheibchen, Karotten und Frühlingszwiebeln in längliche Stücke schneiden. In den Topf geben und köcheln, bis die Karotten gar sind (diese evtl. 2-3 Min. in der Mikrowelle vorgaren).
4. Weiteren 1/3 l Rotwein, die geputzten und halbierten Champignons, Sellerie- und Thymianzweige dazu geben und kurz aufkochen. Den gegarten Selleriezweig beiseite legen.
5. Die gesäuberten Muscheln dazu geben und ca. 15 Minuten schwach kochen lassen, bis sich die Schalen geöffnet haben. Zwischendurch eine große Schüssel im Backofen warm stellen.
6. Dann Muscheln und Gemüse in die warme Schüssel umfüllen und weiter warm stellen.
7. Letzten 1/3 l Rotwein in den Sud geben, mit Soßenbinder etwas andicken und mit der Crème fraîche glätten.
8. Die Soße mit Salz, frisch gemahlenem Pfeffer und dem Cognac abschmecken und über die Muscheln geben. Zur Dekoration darüber den Selleriezweig und die gehackte Petersilie.

Dieses Rezept orientiert sich an der Kochweise des großen Bocuse. Sie sollten daher nur frischeste Zutaten verwenden. Füllen Sie wieder für jeden Gast etwas Soße in ein kleines Schälchen ab, als "Dip" für das obligatorische Baguette. Als Getränk reichen Sie den im Rezept verwendeten Rotwein.

Muscheln auf provençalische Art

für 4 Personen

Zutaten: 2 kg frische Miesmuscheln, 1/2 Tasse Olivenöl, 2 Zwiebeln, 1 Fenchelknolle, 1 Möhre, 1 Peperoni, 1 Knoblauchzehe, 1/2 l Weißwein, Wasser, Salz, Pfeffer, Petersilie.

Zubereitung:
1. Die Zwiebeln hacken, die Fenchelknolle in Scheiben schneiden, Möhre und Peperoni würfeln und die Knoblauchzehe pressen.
2. Alles im heißen Öl anrösten.
3. Mit dem Wein ablöschen. Den Gemüsesud mit Salz und Pfeffer würzen.
4. Die Muscheln einlegen und mit soviel Wasser auffüllen, daß sie bis zur Hälfte in dem Sud liegen.
5. Kochen, bis sich die Schalen öffnen.
6. Die Petersilie darüberstreuen und servieren.

Muscheln mit Pernod-Sahnesoße

für 4 Personen

Zutaten: 3 kg frische Miesmuscheln, 2 große Zwiebeln, 2 Knoblauchzehen, 1 kl. Stange Porree, 2 EL Olivenöl, 2 EL Pernod, 2 Becher (à 125 g) Crème double (45% Fett), Salz, weißer Pfeffer, etwas Zucker.

Zubereitung:
1. Die Zwiebeln schälen. Eine in Ringe schneiden, die andere fein würfeln.
2. Den Knoblauch schälen und fein hacken.
3. Den Porree putzen, waschen und in dünne Ringe schneiden.
4. Das Öl in einem Stiltopf erhitzen. Zwiebelwürfel und Knoblauch darin andünsten. Den Porree nachgeben und unter Rühren ebenfalls andünsten.
5. Mit Pernod und der Crème double ablöschen, kurz aufkochen und bei schwacher Hitze ziehen lassen.
6. Die Muscheln in einen großen Topf mit Wasser geben, die Zwiebelringe zufügen und alles im zugedeckten Topf zum Kochen bringen, bis sich die Schalen geöffnet haben.
7. Die Muscheln in eine vorgewärmte Schüssel umfüllen. Den Muschelsud durchsieben und einen Teil zur Sahnesoße geben. Mit Salz, Pfeffer und Zucker abschmecken und über die Muscheln geben.

Zu diesem Gericht schmeckt, wie soll es anders sein, ein krosses Baguette.

Muscheln „en français"

für 4 Personen

Zutaten: 3 kg frische Miesmuscheln, 2 Zwiebeln, 1 Stange Lauch, 1/2 l Wasser, 1 EL Weinessig, 1 Lorbeerblatt, 2 Nelken, Salz, 1/2 TL Kümmel, 1 Knoblauchzehe, 2 EL Margarine, 1 EL Mehl, schwarzer Pfeffer, flüssiger Süßstoff, 1/2 Glas roter Bordeaux, Petersilie, Schnittlauch.

Zubereitung:
1. Die Ziwebeln schälen und hacken. Den Lauch putzen, waschen und in 1 cm breite Ringe schneiden.
2. Das Wasser mit dem Essig erhitzen. Zwiebeln, Lauch, Lorbeerblatt, Nelken, Salz und Kümmel dazugeben und aufkochen.
3. Die Muscheln in den Sud geben und 10-15 Min. kochen, bis sich die Schalen geöffnet haben. Die Muscheln mit einem Schaumlöffel aus dem Sud nehmen. Ein wenig abkühlen lassen und dann das Fleisch aus den Schalen nehmen. In einer vorgewärmten Schüssel warm stellen.
4. Den Sud im offenen Topf in 15 Min. auf etwa gut die Hälfte einkochen.
5. Inzwischen die geschälte Knoblauchzehe mit Salz zerdrücken und in Margarine hellgelb braten, Mehl darüber stäuben und hellbraun werden lassen.
6. Mit dem durchgesiebten Sud ablöschen und unter Rühren aufkochen lassen.
7. Mit viel frisch gemahlenem Pfeffer, Salz und wenig Süßstoff würzig abschmecken.
8. Den Wein hinzufügen und die Sauce erhitzen, aber nicht mehr kochen.
9. Über die Muscheln geben und mit Petersilie sowie Schnittlauch bestreuen.

Muscheltopf „Kalabrien"

für 4 Personen

Zutaten: 3 kg frische Miesmuscheln, 2 EL Olivenöl, 125 g durchwachsener Speck, 2 Zwiebeln, 2 Zucchini, 1/2 l italienischer roter Tischwein, 1 Dose geschälte Tomaten (800 g), frischer Thymian, frisches Basilikum, 1 Glas gefüllte Oliven, 1 Dose Mais, Salz, Pfeffer.

Zubereitung: 1. Den klein gewürfelten Speck, die in Ringe geschnittenen Ziebeln und die in Scheiben geschnittenen Zucchini in einem großen Topf im Öl andünsten.
2. Mit dem Wein ablöschen.
3. Die Tomaten grob zerkleinern, je 1 TL Thymian, Basilikum und Petersilie gehackt hinzufügen und alles kurz aufkochen.
4. Die halbierten Oliven und den Mais dazugeben und bei schwacher Hitze 5 Minuten köcheln lassen.
5. Mit Salz und Pfeffer würzen, ggf. mit etwas Thymian und Basilikum nachwürzen.
6. Die Muscheln in den Topf geben und ca. 15 Minuten kochen, bis sich die Schalen geöffnet haben.
7. Alles in eine vorgewärmte Schüssel geben und mit Thymian- sowie Petersilienzweigen dekorieren.

Zu diesem Gericht empfehle ich ein knusperiges italienisches Ciabatta-Brot und als Getränk den schon im Gericht verwendeten Tischwein.

Muscheltopf „Verde"

für 4 Personen

Zutaten: 2,5 kg frische Miesmuscheln, 4 EL Olivenöl, 75 g durchwachsener Speck, 3 Zwiebeln, 3 EL Tomatenmark, 1/4 l herber Weißwein, 250 g grüne Nudeln, italienische Kräutermischung, Salz.

Zubereitung:
1. Die Muscheln in leicht gesalzenem Wasser 12 Minuten kochen, abkühlen lassen, und das Muschelfleisch entnehmen.
2. Parallel dazu: den Speck würfeln und in einem großen Topf im Olivenöl auslassen.
3. Die Zwiebelringe darin glasig dünsten.
4. Das Tomatenmark zufügen, kurz mitdünsten.
5. Mit den italienischen Kräutern würzen.
6. Den Wein und das Muschelfleisch zugeben und kurz aufkochen lassen.
7. In der Zwischenzeit die Nudeln kochen, abtropfen lassen und mit dem übrigen Gericht vermischen.

Muscheltopf „Napoli“

für 4 Personen

Zutaten: 3 kg frische Miesmuscheln, 200 g Zwiebeln, je 2 Zweige frischer Thymian und Rosmarin, 1 Bd. Petersilie, 1/4 l trockener Weißwein, 1 EL Olivenöl, 1
Dose geschälte Tomaten (800 g), 4 Knoblauchzehen, Salz, Pfeffer aus der Mühle, 1 Prise Zucker.

Zubereitung:
1. Die Zwiebeln klein würfeln.
2. Den Wein, die Hälfte der Zwiebeln, Petersilie, Thymian und Rosmarin in einen großen Topf geben, zum Kochen bringen.
3. Die Muscheln hinzugeben und weiterkochen, bis sich die Schalen geöffnet haben. Mit einer Schaumkelle in eine vorgewärmte Schüssel umfüllen.
4. Zwischenzeitlich die restliche Zwiebeln im heißen Öl glasig dünsten. Tomaten würfeln und mit ihrem Saft zu den Zwiebeln geben. Den Knoblauch pressen und zu den Tomaten geben.
5. Das Tomatenmus mit dem Muschelsud mischen, mit Salz, Pfeffer und dem Zucker pikant abschmecken.
6. Die Soße über die Muscheln geben und mit dem Rest der grob gehackten Petersilie dekorieren.

Italienischer Muschel-Gemüse-Topf

für 4 Personen

Zutaten: 2 kg frische Miesmuscheln, 1/2 Tasse Olivenöl, 1/2 kg Kartoffeln, 2 Zwiebeln, 2 Zucchini, 4 Tomaten, 1/4 l trockener Weißwein, 1/4 l Wasser, Thymian, Basilikum, Salz, Pfeffer.

Zubereitung:
1. Die Kartoffeln schälen und im heißen Olivenöl 10 Min. andünsten.
2. Inzwischen die Zwiebeln schälen und in Ringe schneiden. Die Zucchinis waschen und in Scheiben schneiden. Die Tomaten kreuzweise einritzen, kurz abbrühen und grob würfeln.
3. Zwiebeln, Zucchinis und Tomatenwürfel jeweils im Abstand von 5 Minuten zugeben und köcheln.
4. Weißwein und Wasser zugeben und mit den Gewürzen abschmecken.
5. Die Muscheln zugeben und kochen, bis sich die Schalen geöffnet haben. Zwischendurch mehrfach vorsichtig mit einer Schaumkelle umrühren, damit die Muscheln gleichmäßig gar werden.

Muscheltopf „Budva"

für 4 Personen

Zutaten: 2 1/2 kg frische Miesmuscheln, 2 Zwiebeln, 1 Stück Sellerie, 1 Bd. Petersilie, Thymian, 3 EL Öl, 1 Lorbeerblatt, Pfeffer, 1/3 l Weißwein, 1 EL Weinessig, 1 Knoblauchzehe, 2 EL Kapern, Senf, 2 Eigelb, je 1 Bd. Petersilie, Dill, Schnittlauch.

Zubereitung:
1. Zwiebeln, Sellerie, Petersilie hacken.
2. Im Wein eine der gehackten Zwiebeln, den Sellerie, die Petersilie, das Lorbeerblatt, Salz, Pfeffer mit 1 EL Öl, einigen EL Wasser und Essig aufkochen.
3. Die Muscheln zugeben und 10-15 Min im zugedeckten Topf kochen, bis sich die Schalen geöffnet haben. Die Muscheln in ein vorgewärmtes Gefäß umfüllen.
4. Den Sud durchseihen.
5. Den Rest der gehackten Zwiebeln und die feingehackte Knoblauchzehe im Rest des Öls dünsten.
6. Den Sud, die Kapern und den Senf zufügen und aufkochen.
7. Das verquirlte Eigelb und die gehackten Kräuter unterziehen, abschmecken und über die Muscheln verteilen.

Muscheln „Müllerin Art"

für 4 Personen

Zutaten: 3 kg frische Miesmuscheln, 1/2 l Weißwein, 1/2 l Wasser, 3 Zwiebeln, 1 Bd. Suppengemüse, 1 Lorbeerblatt, 1/2 TL Thymian, Saft einer Zitrone, Salz, Pfeffer, 40 g Butter, Petersilie.

Zubereitung:
1. Weißwein und Wasser in einem großen Topf erhitzen.
2. Inzwischen die Zwiebeln schälen und in Ringe schneiden. Suppengemüse putzen, waschen und würfeln und den Porree in Ringe schneiden.
3. Zwiebeln, Suppengemüse, Lorbeerblatt, Thymian und Pfeffer in den Topf geben und 10 Minuten kochen lassen.
4. Die gründlich gereinigten und sortierten Muscheln in den Topf geben und bei geschlossenem Deckel ca. 15 Min. ziehen lassen, bis sich die Schalen geöffnet haben. Mehrmals mit der Schaumkelle vorsichtig umrühren. Die Muscheln aus dem Sud nehmen.
5. Den Sud mit Pfeffer, Salz, Zitronensaft und Butter abschmecken. Die gehackte Petersilie einstreuen.
6. Die Muscheln wieder einlegen, nochmals kurz erhitzen und dann servieren.

Besonders gut schmeckt dazu kräftiges Schwarzbrot mit Butter und ein frisches Bier.

Muscheltopf „Tejo"

für 4 Personen

Zutaten: 3 kg frische Miesmuscheln, 1/4 Tasse Olivenöl, 3 Zwiebeln, 1 1/2 l Rinderbrühe, 250 g Reis, 1 Dose geschälte Tomaten (800 g), 2 gr. Knoblauchzehen, Salz, Pfeffer, 1 Bd. Petersilie.

Zubereitung:
1. Die Zwiebeln in Ringe schneiden und im Olivenöl glasig dünsten.
2. Mit der Rinderbrühe ablöschen.
3. Den Reis halb gar kochen.
4. Die grob zerkleinerten Tomaten und fein gehackten Knoblauchzehen hinzugeben und kurz aufkochen.
5. Mit Salz und Pfeffer würzig abschmecken.
6. Die Muscheln dazu geben und ca. 10-15 Min. kochen, bis die Schalen sich geöffnet haben.
7. Ein Bd. Petersilie klein hacken und unterrühren. Die restlichen Petersilienzweige zur Dekoration auf den Muscheltopf geben.

Reichen Sie zu diesem Gericht den berühmten portogiesischen „Vino Verde" und, wenn erhältlich, Hirsebrot, ansonsten Roggenbrot mit leicht gesalzener Butter.

Muscheln in grünen Bohnen

für 4 Personen

Zutaten: 2 kg frische Miesmuscheln, 2 EL Olivenöl, 100 g durchwachsener Speck,
1 Zwiebel, 1/2 l halbtrockener Sherry, 1/2 l Wasser, 2 Knoblauchzehen,
1 1/2 kg grüne Bohnen, Salz, Pfeffer, 1 Sträußchen Petersilie.

Zubereitung:
1. Den Speck und die Knoblauchzehen klein, Zwiebeln grob würfeln.
2. Den Speck im heißen Öl knusprig anbraten, die Zwiebeln andünsten.
3. Mit Sherry und Wasser ablöschen, salzen, pfeffern und aufkochen.
4. Die geputzten Bohnen und Knoblauch dazu.
5. Nach 5 Min. Muscheln hinzugeben und alles bei mittlerer Hitze kochen, bis sich die Schalen geöffnet haben. Zwischendurch die Muscheln mit der Schaumkelle vorsichtig umrühren, damit sich alles vermischt, ohne daß die Bohnen „zerrupft" werden.
6. In eine vorgewärmte Schüssel umfüllen. Die gehackte Petersilie darüber geben und mit ein paar Petersiliezweigen dekorieren.

Servieren Sie dieses Gericht mit einem kräftigen Vollkornbrot, Butter und einem portugiesischen „Vino Verde" („grüner Wein").

Rheinische Muscheln „Päffgen"

für 4 Personen

Zutaten: *3 kg frische Miesmuscheln, 150 g Zwiebeln, 400 g Lauch, 50 g Sellerie, 150 g Möhren, 80 g Butter, je 1/2 l trockener Weißwein und Wasser, Pfeffer aus der Mühle.*

Zubereitung: *1. Das Gemüse putzen, die Zwiebeln hacken, den Lauch in 2 mm dünne Ringe, Sellerie und Möhren in etwa 5 cm lange, dünne Stifte schneiden.*
2. Das Gemüse in Butter andünsten. Wein und Wasser hinzufügen, kräftig pfeffern.
3. Die Muscheln hinzufügen und ca. 15 Min. kochen, bis sich die Schalen geöffnet haben.

Servieren Sie dazu Schwarzbrot und Butter.

Katalonischer Fischertopf

für 4 Personen

Zutaten: 1 1/2 kg frische Miesmuscheln, 500 g Tintenfische, 500 g Fischfilet, 125 g Tiefsee-Krabbenfleisch, 2 Zwiebeln, 2 Knoblauchzehen, 100 g geräucherter Schinken. 500 g Fleischtomaten, 2 grüne Paprikaschoten, 4 EL Butter, 50 g geriebene Mandeln, 1 Lorbeerblatt, 1 Messerspitze Safranpulver, 1/4 l trockener Weißwein, 1/4 l Wasser, 1 Dose Artischockenherzen, Salz, weißer Pfeffer.

Zubereitung:

1. Die Tintenfische unter fließendem Wasser waschen, dabei die Innenseiten entfernen. Die Haut abziehen. Den Körper in Ringe, die Fangarme klein schneiden.
2. Die Fischfilets abspülen, trockentupfen und würfeln. Mit Zitrone beträufeln.
3. Zwiebeln und Knoblauch schälen und fein würfeln. Den Schinken ebenfalls würfeln.
4. Die Tomaten kreuzweise einschneiden, überbrühen, enthäuten, entkernen und würfeln. den Paprika ebenfalls entkernen und würfeln.
5. Das Fett erhitzen. Zwiebeln, Knoblauch und Schinken unter Rühren hell andünsten.
6. Mandeln, Paprika, Tomaten, Lorbeer, Safran, Wein, Wasser und Muscheln zufügen und aufkochen.
7. Tintenfisch, Fischfilet, Krabben und geviertelte Artischockenherzen mit Salz und Pfeffer würzen.
8. In die Brühe geben und 20 Min. garen.
9. Mit Salz, Pfeffer und Zitronensaft abschmecken.

Muscheln „Fuenterrabia"

für 4 Personen

Zutaten: *3 kg frische Miesmuscheln, 4 Knoblauchzehen, 6 süße Tomaten, 2 Zwiebeln, 1 TL süßes Paprika-Pulver, 1/2 l herber Cidre, Zitronen-Extrakt, Salz, Zucker und Pfeffer.*

Zubereitung: *1. Die Muscheln waschen und 1 - 2 Stunden in stark gesalzenes Wasser legen.*

2. Knoblauchzehen, Tomaten, Zwiebeln schälen, zerkleinern und in heißem Öl in einem großen Topf anbraten.

3. Das Paprika-Pulver darüber verteilen und mit dem Cidre ablöschen.

4. Mit Zitrone, Salz, Zucker und Pfeffer „rund" abschmecken und ca. 15 Minuten kochen, bis sich die Schalen geöffnet haben.

Auch hier bietet sich der gleiche Cidre als Tischgetränk an. Mit einem Baguette dazu machen Sie nichts falsch, aber versuchen Sie doch einmal ein türkisches Fladenbrot.

Muscheln „Olé"

für 4 Personen

Zutaten: 3 kg frische Miesmuscheln, 1 Bd. Suppengrün, 250 g Zwiebeln, 2 EL Olivenöl, 3 EL klare Brühe, 1/2 TL schwarzer Pfeffer, 1/4 l Weißwein, je 1 Pr. Salz und Zucker, 4 Tomaten, 1 Glas schwarze, entkernte Oliven, 1/2 TL Majoran.

Zubereitung:
1. Das Suppengrün putzen, waschen und zerkleinern und die Zwiebeln in Ringe schneiden.
2. Das Öl erhitzen, und das Gemüse darin glasig dünsten.
3. 1 l Wasser, Brühe, Weißwein, Pfeffer, Salz und Zucker zufügen.
4. Alles aufkochen und dann 5 Min. köcheln lassen.
5. Gründlich gereinigte und sortierte Muscheln in den Sud geben. Tomaten, Oliven und Majoran zufügen.
6. Alles ca. 15 Min. bei schwacher Hitze garen. Zwischendurch mehrfach mit der Schaumkelle vorsichtig durchrühren.

Dazu schmeckt frisches Stangenweißbrot.

Muschel-Gemüse-Ragout im Püreerand

für 4 Personen

Zutaten: 250 g frisches Muschelfleisch, 8 Kartoffeln, 1/4 l Milch, 2 EL Butter, 200 g Champignons, 125 g tiefgefrorene Erbsen, Muskat, Salz, Pfeffer, frischen Dill.

Zubereitung:
1. Die Kartoffeln kochen, pellen und zu Püree stampfen.
2. Die Hälfte der Milch unterrühren. Mit Salz, Pfeffer und Muskat abschmecken.
3. Das Muschelfleisch, blättrig geschnittene Champignons und Erbsen in der Butter andünsten.
4. Die zweite Hälfte der Milch zugeben und mit Salz, Pfeffer und dem kleingeschnittenen Dill würzen.
5. Das Püree am idealsten mit einer Sahne-Spritze in vier feuerfeste Schalen verteilen, darauf die Muschel-Gemüse-Mischung und darüber den Sud geben.
6. Die Schalen in den 225° vorgeheizten Backofen geben und backen, bis sich die „Kartoffel-Kämme" braun färben.
7. Mit Dillspitzen dekoriert servieren.

Muschel-Ragout, süßsauer

für 4 Personen

Zutaten: 1 1/2 kg frische Miesmuscheln, 125 g Krabbenfleisch, 2 Gewürzgurken (150 g), 2 EL Butter, 200 g Champignons (Dose), 100 g Perlzwiebeln, 1 EL Mehl, 1/4 l heißes Wasser, Estragonblätter, weißer Pfeffer, Salz, Zucker, Dill.

Zubereitung:
1. Die Muscheln in leichtem Salzwasser kochen, bis sich die Schalen geöffnet haben.
2. Die Gewürzgurken in Scheiben schneiden.
3. Gurken, Champignons und Perlzwiebeln in heißer Butter andünsten.
4. Das Mehl darüberstäuben und Wasser zugießen. Ca. 7 Min. kochen lassen.
5. Salz, Pfeffer und Estragonblätter zufügen. Mit Zucker abschmecken.
6. Das Muschelfleisch aus den Schalen nehmen und mit dem Krabbenfleich in den Topf geben. Nochmals kurz erhitzen und abschmecken.

Dazu schmecken mit Dill bestreute Salzkartoffeln.

Friesische Muschel-Eierpfanne

für 4 Personen

Zutaten: *1 kg frische Miesmuscheln, 50 g durchwachsener Speck, 1 EL Margarine, 3 Tomaten, 6 Eier, 1 EL Tiefkühl-„8 Kräuter", 1 EL Mehl, 1 Tasse Milch, Salz, Pfeffer.*

Zubereitung:
1. *Die Muscheln in wenig gesalzenem Wasser ca. 10-15 Min kochen, bis sich die Schalen geöffnet haben. Etwas abkühlen lassen und das Muschelfleisch entnehmen.*
2. *Inzwischen den Speck würfeln und in der Pfanne im Fett knusprig ausbraten.*
3. *Die Tomaten kreuzweise einritzen, kurz in kochendes Wasser halten und die Haut abziehen. In dicke Scheiben schneiden und auf den Speck legen.*
4. *Die Eier mit Salz, Pfeffer, Kräutern, Mehl und Milch verquirlen und darüber geben.*
5. *Die Muscheln auf die Eimasse geben.*
6. *Das Gericht mit geschlossenem Deckel bei kleinster Hitze stocken lassen.*

Ein herzhaftes Vollkornbrot und ein süffiges Bier sind die ideale Ergänzung zu diesem Gericht.

Muschel-Pilzragout mit Reisrand

für 4 Personen

Zutaten: 1 1/2 kg frische Miesmuscheln, 250 g Champignons, 10 g Butter, 250 g Mischpilze, 1 Zwiebel, 10 g Margarine, 1 EL Mehl, 1/8 l Fleischbrühe (Instant), Salz, 1/2 Tasse trockener Weißwein, Pfeffer, 3 EL Schlagsahne, Reis, 1 Bd. Petersilie.

Zubereitung:
1. Die Muscheln in leichtem Salzwasser kochen, bis sich die Schalen geöffnet haben. Etwas abkühlen lassen, dann das Muchelfleisch aus den Schalen nehmen.
2. Die Champignons waschen, putzen, blättrig aufschneiden und in der heißen Butter andünsten.
3. Die Mischpilze ebenfalls waschen und putzen, klein schneiden und zu den Champignons geben.
4. Die Zwiebeln fein würfeln, in der erhitzten Margarine andünsten, mit dem Mehl bestäuben, anschwitzen lassen und mit der Brühe sowie dem Wein aufgießen. Eine sämige Sauce rühren.
5. Das Muschelfleisch und die Pilze hineingeben, mit Pfeffer und Salz abschmecken, mit der Sahne verfeinern. Bei Bedarf noch mit etwas Zitronensaft abrunden.
6. Den Reis kochen, in eine Reisrandform drücken und dann stürzen.
7. In die Mitte das Ragout geben und mit kleingehackter Petersilie überstreuen.

Dazu schmeckt Rote-Bete-Salat oder grüner Salat.

Eierpfanne mit Muscheln

für 4 Personen

Zutaten: 250 g frisches Muschelfleisch, 1 Stange Porree, Salz, 30 g Margarine, 8 Eier, 1/8 l Schlagsahne, 50 g Goudakäse, Pfeffer, Edelsüß-Paprika.

Zubereitung:
1. Den Porree putzen, in Scheiben schneiden und in wenig Salzwasser 15 Min. dünsten.
2. Acht Spiegeleier in der Margarine braten.
3. Wenn die Spiegeleier halbfest sind, die Sahne zugießen, den geraspelten Käse darüberstreuen und mit Salz, Pfeffer und Paprika würzen.
4. Die Muscheln und die abgetropften Porreescheiben zugeben. Noch weitere 5 Min. in einer geschlossenen Pfanne weiterbraten lassen.
5. Auf vier Tellern servieren.

Muschel-Gemüse-Pfanne

für 4 Personen

Zutaten: 2 kg frische Miesmuscheln, 750 g gekochte Pellkartoffeln, 4 EL Butter oder Margarine, 2 Zwiebeln, Salz, Pfeffer, 500 g fleischige Tomaten, 1 Bd. Dill.

Zubereitung:
1. Die Muscheln Salzwasser zum Kochen bringen und bei schwacher Hitze garen lassen, bis sich die Schalen geöffnet haben.
2. Die Kartoffeln pellen und in Scheiben schneiden.
3. Das Fett in einer großen Pfanne erhitzen und die Kartoffeln hineingeben.
4. Sobald die Kartoffeln goldgelb sind, die gewürfelten Zwiebeln hinzufügen.
5. Mit Salz und reichlich Pfeffer bestreuen.
6. Die Tomaten überbrühen, abziehen, achteln und die Kerne entfernen.
7. Die gegarten Muscheln kurz unter kaltem Wasser abschrecken, aus den Schalen lösen und mit den Tomaten zu den Kartoffeln geben.
8. Alles zusammen nochmal 5 Minuten erhitzen.
9. Mit Salz und Pfeffer nachwürzen und zuletzt den gehackten Dill darüber streuen.

Muschel-Eintopf

für 4 Personen

Zutaten: 1 1/2 frische Miesmuscheln, 150 g Muschelnudeln, Salz, 1 Stange Lauch, 2 Möhren, 2 EL Öl, 1 l Fischfond, 150 g tiefgefrorene Erbsen, 150 g Krabbenfleisch, Pfeffer, 2 EL gehackte Petersilie.

Zubereitung:
1. In einem großen Topf wenig Salzwasser zum Kochen bringen.
2. Die Muscheln zugeben und 8-10 Min. kochen, bis sich die Schalen geöffnet haben. Die Muscheln kurz unter kaltem Wasser abschrecken und das Fleisch herauslösen.
3. Den Lauch in Ringe und die Möhren in Scheiben schneiden.
4. Das Öl in einem Topf erhitzen, Gemüse darin andünsten.
5. Mit dem Fischfond ablöschen und kurz aufkochen lassen.
6. Die Erbsen und Nudeln einstreuen und 10 Min. köcheln lassen.
7. Kurz vor dem Ende der Garzeit die Krabben und Miesmuscheln zugeben.
8. Mit Pfeffer abschmecken und mit gehackter Petersilie bestreut servieren.

Muschel-Suppe „Elsaß"

für 4 Personen

Zutaten: 1 1/2 kg frische Miesmuscheln, 100 g Schalotten, 100 g Möhren, gut 1/2 l Fleischbrühe, 1/4 l herber, säuerlicher Weißwein, Salz, weißer Pfeffer, 60 g Butter, 60 g Mehl, 100 g Champignons, 4 EL Schlagsahne, 1 Bd. Dill.

Zubereitung:
1. Die geschälten Schalotten fein hacken. Die Möhren putzen, waschen und in Scheiben schneiden.
2. Brühe, Wein, Salz und Pfeffer zusammen aufkochen.
3. Die Schalotten, Möhren und gesäuberten Muscheln zufügen.
4. Alles etwa 8-10 Minuten bei starker Hitze kochen, bis sich die Schalen geöffnet haben.
5. Parallel Fett und Mehl in einem Stieltopf anschwitzen und mit einem Teil des Suds ablöschen. Den Rest abgießen.
6. Die geputzten, gewaschenen und blättrig geschnittenen Champignons zugeben und alles etwa 10 Min. leicht kochen lassen.
7. Inzwischen die Muscheln aus den Schalen nehmen und in die Suppe geben.
8. Nochmals abschmecken und mit der Sahne sowie dem gehackten Dill verfeinern.

Dazu können Sie in Butter gebratene Weißbrotwürfel servieren.

Muschel-Sahne-Suppe

für 4 Personen

Zutaten: 2 kg frische Miesmuscheln, 1/4 l trockener Weißwein, 1/2 l Fleischbrühe, 1 Zwiebel, 1 Bd. Suppengrün, 1 Messerspitze Kurkuma, 1 Lorbeerblatt, 1 TL Speisestärke, 1/2 Becher Schlagsahne, 1 Knoblauchzehe, 1 Eigelb, 1 Gläschen Weinbrand, Salz.

Zubereitung:
1. Wein, Brühe, die geviertelte Zwiebel, feingeschnittenes Suppengrün, Kurkuma und Lorbeerblatt einmal aufkochen.
2. Die Muscheln zufügen und auf großer Hitze 8-10 Min. kochen, bis sich die Schalen geöffnet haben.
3. Die Muscheln mit einer Schöpfkelle herausnehmen und das Muschelfleisch entnehmen.
4. Die Speisestärke mit der Sahne verrühren und zusammen mit der durchgepreßten Knoblauchzehe in den Sud rühren. Aufkochen lassen und Muschelfleisch zufügen. Den Topf von der Kochstelle nehmen.
5. Das Eigelb mit Weinbrand verrühren und unterrühren. Mit Salz nachwürzen. Nicht mehr kochen.

Als Beilage empfehle ich Käsestangen.

Amerikanische Muschelsuppe

für 4 Personen

Zutaten: 2 kg frische Miesmuscheln, 2 EL Erdnußöl, 75 g durchwachsener Speck, 2 Zwiebeln, 500 g Kartoffeln, 1 Bd. Suppengrün, 1 l Wasser, 1 Dose Zuckermais, 1 Lorbeerblatt, Salz, schwarzer Pfeffer, 125 g Schlagsahne, 1 l Milch, 1 Glas trockener kalifornischer Weißwein, 1 Bd. Dill.

Zubereitung:
1. Den Speck klein würfeln. In einem großen Topf mit Erdnußöl anbraten.
2. Zwiebeln und Porree in Ringe, Möhren in Scheiben und Sellerie in kleine Würfel schneiden und ca. 10 Minuten im Topf andünsten.
3. Lorbeerblatt, Wasser, Salz, Pfeffer zufügen und alles zugedeckt 20 Minuten garen.
4. Die Suppe mit dem Mixer pürieren oder mit dem Kartoffelstampfer zerdrücken.
5. Den Mais und die gewaschenen Muscheln hinzugeben und bei mittlerer Hitze köcheln, bis sich die Schalen geöffnet haben (ca. 15. Minuten).
6. Die Muscheln mit einer Schöpfkelle herausnehmen und kurz kalt abschrecken. Das Muschelfleisch aus den Schalen entnehmen und zurück zur Suppe geben.
7. Mehl, Sahne und Milch verquirlen, die Suppe damit binden und kurz aufkochen lassen.
8. Mit Salz, Pfeffer und Wein abschmecken.
9. Den Dill waschen, klein hacken und in die Suppe rühren.

Dazu schmeckt Toastbrot und der kalifornische Wein.

Friesische Muschelsuppe

für 4 Personen

Zutaten: 1 1/2 kg frische Miesmuscheln, 300 g mehlig kochende Kartoffeln, 1/2 l Wasser, 75 g Knollensellerie, 125 g Möhren, 4 Frühlingszwiebeln, 20 g Butter, 1/2 l trockener Weißwein, 2 Eigelb, 1/8 l Schlagsahne, Salz, frisch gemahlener weißer Pfeffer, gemahlener Safran, Muskat.

Zubereitung:
1. Die Kartoffeln schälen, würfeln und garen.
2. Sellerie und Möhren schälen, würfeln, die Frühlingszwiebeln in Ringe schneiden und das Blattgrün beiseite legen.
3. Das Gemüse in der Butter glasig dünsten.
4. Die Muscheln in den Topf geben, den Wein angießen und 10-15 Minuten kochen lassen.
5. Inzwischen die Kartoffeln mit dem Kochwasser fein pürieren und mit den beiden Eigelb legieren.
6. Die Sahne halbsteif schlagen.
7. Das Zwiebelgrün in dünne Röllchen schneiden.
8. Die Muscheln entschalen, zusammen mit dem Kochsud unter das Kartoffelpüree mischen.
9. Die Suppe mit der Sahne verrühren und mit dem Zwiebelgrün bestreut servieren.
10. Mit Salz, Pfeffer, Safran und Muskatnuß abschmecken.

Dazu schmeckt ein frisch-herbes Jever Pils

Amerikanischer Muscheltopf
„Manhattan Clam Chowder"

für 4 Personen

Zutaten: 1 1/2 kg frische Miesmuscheln, 2 l Wasser, 4 Zwiebeln, 300 g Staudensellerie, 1 kg Tomaten, 250 g Möhren, 350 g Speck, 3 EL gehackte Petersilie, 1 TL Thymian, 1 großes Lorbeerblatt, Salz, Pfeffer, 250 g Kartoffeln.

Zubereitung:

1. Die Muscheln in das leicht gesalzene, kochende Wasser geben. Ca. 10 Min. kochen, bis sich die Schalen geöffnet haben. Die Brühe abgießen und in einem Gefäß auffangen. Die Muscheln abkühlen lassen.
2. Parallel dazu die Zwiebeln schälen und hacken. Staudensellerie und Möhren putzen und in Scheiben schneiden. Die Tomaten mit kochendem Wasser überbrühen, die Haut abziehen und achteln. Den Speck würfeln.
3. Speck und Zwiebeln in einem Topf anbraten, das übrige Gemüse dazu geben und kurz mitdünsten lassen.
4. Dann die Muschelbrühe angießen und alles mit Thymian, Lorbeerblatt, Salz und Pfeffer würzen.
5. Die geschälten und gewürfelten Kartoffeln hineingeben und 1 Stunde sacht kochen lassen.
6. Das Muschelfleisch dazugeben und die Suppe noch einmal kurz aufkochen lassen.
7. Abschließend die Petersilie einrühren.

Muschel-Sellerie

für 4 Personen

Zutaten: 1 1/2 kg frische Miesmuscheln, 1/4 l Weißwein, 1 Zwiebel, 400 g Staudensellerie, 1 EL Butter, 100 g US-Langkornreis, Salz, 1/4 l Schlagsahne, 1 Päckchen Safran, 1 Eigelb.

Zubereitung:
1. Den Wein in einem großen Topf zum Kochen bringen.
2. Die gründlich gewaschenen und sortierten Muscheln zugeben und ca. 10 Min. kochen lassen, bis sich die Schalen geöffnet haben.
3. Die Muscheln mit der Schaumkelle herausnehmen und beiseite stellen.
4. Zwiebeln und Sellerie sehr fein würfeln und in einem kleineren Topf in der Butter glasig werden lassen. Mit dem Weinsud ablöschen.
5. Alles in den großen Topf geben und mit Wasser auf knapp 1 l auffüllen. Zum Kochen bringen.
6. Den Reis einstreuen, salzen und die Suppe 20 Min. ziehen lassen.
7. Inzwischen das Muschelfleisch aus den Schalen nehmen und in die Suppe geben, abschmecken, nochmal kurz aufkochen lassen.
8. Die Sahne mit Safran und Eigelb verrühren und die Suppe damit binden.

Muschel-Suppe mit Fenchel

für 4 Personen

Zutaten: 1 kg frische Miesmuscheln, 1 Tüte Muschelgewürz, 1 Fenchelknolle (150 g), 1 Zwiebel, 10 g Butter, frisch gemahlener Pfeffer, Safran, 1 l schwache Fleischbrühe, 1 l Weißwein.

Zubereitung: einem

1. Die Muscheln mit dem Muschelgewürz in leicht gesalzenem Wasser in geschlossenen Topf kochen, bis sich die Schalen geöffnet haben (ca. 10-15 Min).
2. Unterdessen die Fenchelknolle putzen, den Strunk ausschneiden und den Fenchel grob hobeln. Die Zwiebel fein hacken.
3. Die gehackte Zwiebel mit dem Fenchel (ohne das Grün) bei kleiner Hitze in der Butter andünsten (ca. 12 Min.).
4. Brühe, Wein und 1 Prise Safran zufügen und 1-2 Min durchkochen.
5. Das Muschelfleisch aus den Schalen nehmen und zur Suppe geben. 3 Min. durchziehen lassen.
6. Mit Pfeffer und Salz abschmecken und mit gehacktem Fenchelgrün bestreuen.

Katalonische Muschelsuppe

für 4 Personen

Zutaten:
1 kg frische Miesmuscheln, 2 EL Olivenöl, 1 Zwiebel, 4 Tomaten, 1 l Fleischbrühe, 4 geröstete Meterbrot-Scheiben, 1 Gläschen Brandy (2 cl), 2 Knoblauchzehen, Salz, Pfeffer, Zimt, 1 Bd. Petersilie, 150 geriebener Käse.

Zubereitung:
1. Die Muscheln in einem größeren Topf mit wenig Wasser kochen, bis sich die Schalen geöffnet haben. Die Muscheln mit der Schaumkelle heraus nehmen und den Sud aufbewahren.
2. Das Öl in einem großen Topf erhitzen und darin die gehackten Zwiebeln und die ebenfalls gehackten Tomaten anschmoren.
3. Den Muschelsud dazugießen und mit der Fleischbrühe bis zu einer Menge von etwa vier Tellern-Portionen auffüllen. Alles noch einmal aufkochen lassen.
4. Den Brandy und die Weißbrotscheiben dazugeben und gut umrühren.
5. In einem Mörser den Knoblauch mit etwas Salz, Zimt, Pfeffer und der gehackten Petersilie zerstoßen.
6. Etwas Suppe dazugießen und alles zurück in den Topf geben.
7. Das Muschelfleisch den Schalen entnehmen und sie ebenfalls in den Topf geben.
8. Alles gut verrühren, ein letztes Mal aufkochen lassen und den geriebenen Käse dazugeben.

Spanische Muschelsuppe

für 4 Personen

Zutaten: 750 g frisches Muschelfleisch, 4 Zwiebeln, 2 Knoblauchzehen, 4 EL Öl,
              500 g geschälte Tomaten, Salz, Pfeffer, Zucker, 15 Tropfen Tabasco,
              je 1 Messerspitze Thymian und Oregano, 1/2 l Weißwein, 20 gefüllte spanische
              Oliven, 1 Glas Sherry, 1/2 Bd. Schnittlauch, 1/4 l Schmand.

Zubereitung: 1. Die Zwiebeln schälen und würfeln, den Knoblauch pressen.
              2. Beides in heißem Öl andünsten.
              3. Die Tomaten, 1 Tasse Wasser und die Gewürze zufügen, alles 15 Min.
                 kochen lassen.
              4. Mit dem Weißwein auffüllen und die Muscheln dazugeben.
              5. Die Oliven in Scheiben schneiden und mit dem gehackten Schnittlauch in die
                 Suppe rühren.
              6. Die Suppe nochmals abschmecken und mit dem Schmand geschmacklich
                 glätten.

Weißbrot paßt hier herrlich - zum Dippen in den Sud.

Schnelle, feine Muschelsuppe

für 4 Personen

Zutaten: 250 g frisches Muschelfleisch, 1 Dose Tomatensuppe, 1 Dose
Champignonsuppe, 125 g Krabbenfleisch, 2 Dosen Büchsenmilch, Salz,
weißer Pfeffer, frische Petersilie.

Zubereitung: 1. Tomatensuppe, Champignonsuppe und Büchsenmilch mischen und zum
Kochen bringen.
2. Das Muschel- und Krabbenfleisch in die kochende Suppe geben. Nicht mehr
kochen.
3. Mit Salz und Pfeffer abschmecken und die gehackte Petersilie über die
Suppe geben.

Reichen Sie Toastbrot zu dieser Suppe. Vorbereitungszeit 5 Min., Kochzeit 7 Min.

Muschel-Suppe „Pikanta"

für 4 Personen

Zutaten: 500 g frisches Muschelfleisch, 1 l Wasser, Hühnersuppenextrakt, 2 EL Tomatenketchup, 1 EL Ingwersirup, 1 EL Zitronensaft, Pfeffer, 4 EL Sahne, Dill.

Zubereitung: 1. Das Wasser aufkochen, die Hühnersuppe einrühren und 5 Min. schwach kochen.
2. Die Muscheln, den Tomatenketchup und Ingwersirup zur Hühnersuppe geben und kurz ziehen lassen.
3. Mit Zitronensaft und Pfeffer abschmecken und portionsweise anrichten.
4. Mit geschlagener Sahne und etwas Dill garnieren.

Muschel-Tomaten-Suppe, überbacken

für 4 Personen

Zutaten: 500 g frisches Muschelfleisch, 1 l Wasser, Hühnersuppenextrakt,
2 EL Tomatenketchup, 1 EL Ingwersirup, 1 EL Zitronensaft, Pfeffer,
4 EL Schlagsahne, Dill.

Zubereitung: 1. Das Wasser aufkochen, die Hühnersuppe einrühren und 5 Min. schwach kochen.
2. Muscheln, Tomatenketchup und Ingwersirup zur Hühnersuppe geben und kurz ziehen lassen.
3. Mit Zitronensaft und Pfeffer abschmecken und portionsweise anrichten.
4. Mit geschlagener Sahne und etwas Dill garnieren.

Muschel-Cocktail „Grüne Lagune"

für 4 Personen

Zutaten: 500 g frisches Muschelfleisch, 1 Becher Sahnejoghurt, 2 EL Mayonnaise, 1 grüne Paprikaschote, 3 Tomaten, Salz, Cayennepfeffer, Rosenpaprika, 2 hart gekochte Eier, Petersilie.

Zubereitung:
1. Aus Joghurt, Mayonnaise und den Gewürzen eine pikante Marinade anrühren.
2. Den Paprika in Streifen und die Tomaten in Würfel schneiden.
3. Paprika, Tomaten und Muschelfleisch mit der Marinade mischen.
4. In vier Glasschalen anrichten und mit Eischeiben und Petersilie garnieren.

Muschel-Salat „Hausmannsart"

für 4 Personen

Zutaten: 1 1/2 kg frische Miesmuscheln, 1/4 l Salzwasser, 1 Zwiebel (50 g), einige Pfefferkörner, 200 g Porree, 200 g Möhren, 2 EL trockener Weißwein, 1 EL Zitronensaft, 1 TL Currypulver, Zwiebelpulver, 2 EL Mayonnaise (50%), 1 EL Crème fraîche, 1 EL Magerjoghurt, Salz, Pfeffer, flüssiger Zucker, einige Blätter Kopfsalat.

Zubereitung:
1. Die Zwiebeln in Ringe schneiden und mit den Pfefferkörnern sowie den Muscheln in 1 l Salzwasser kochen, bis sich die Schalen geöffnet haben. Die Muscheln mit der Schaumkelle in ein anderes Gefäß umfüllen.
2. Den Porree und die Möhren putzen, waschen. Porree in Ringe und Möhren in feine Streifen schneiden. In dem Sud 5 Min. kochen, dann abgießen.
3. Aus Weißwein, Zitronensaft, Curry, Zwiebelpulver, Mayonnaise, Crème fraîche und Magerjoghurt eine Marinade bereiten. Mit den Gewürzen pikant abschmecken.
4. Auf vier Tellern einige abgewaschene und abgetupfte Salatblätter anrichten, das aus den Schalen genommene Muschelfleisch darauf verteilen und die Soße darüber geben.

Mit Toast und Butter reichen. Gut paßt dazu ein trockener Weißwein.

Mittelmeersalat

für 4 Personen

Zutaten: 400 g frisches Muschelfleisch, 1 Dose. Thunfischfleisch, 10 gefüllte Oliven, 3 Tomaten, 1 rote Zwiebel, 2-3 EL Salatdressing, 1 kl. Salatkopf.

Zubereitung:
1. Die Flüssigkeit vom Thunfisch abgießen. Das Fleisch mit den Muscheln in eine Schüssel geben.
2. Oliven, Tomaten und Zwiebel in Scheiben schneiden.
3. Den Salatdressing über die Zutaten geben und alles vorsichtig miteinander vermengen.
4. Den Salat waschen, zerpflücken und zum Schluß unterheben.

Muschel-Garten-Salat

für 4 Personen

Zutaten: 750 g frisches Muschelfleisch, einige Spinatblätter, 3 Tomaten,
1 Bd. Radieschen, 1 Zwiebel, 1 F.L Öl, Kräuteressig, Salz, weißer Pfeffer,
1 Messerspitze Thymian, 1 Bd. Kresse.

Zubereitung: 1. Tomaten und Radieschen waschen, trockentupfen und in Scheiben schneiden.
2. Die Zwiebeln schälen und in Ringe schneiden.
3. Die Spinatblätter verlesen, waschen und abtropfen lassen.
4. Tomaten, Radieschen, Zwiebeln, Spinat und Muscheln in einer Schüssel mischen.
5. Für die Marinade Öl, Essig und Gewürze verrühren, über die Salatzutaten geben.
6. Die Kresse abspülen, trockentupfen und grob hacken. Über den Salat streuen.

Gärtners Muschelsalat

für 4 Personen

Zutaten: 400 g frisches Muschelfleisch, 1 Bd. Kresse, 1 Kopfsalat, 1 Tomate,
4 dünne Scheiben Frühstücksspeck, 4 Eier, 1-2 EL Butter, Salz, grob
geschroteter Pfeffer.

Zubereitung: 1. Die Muscheln mit der Hälfte der grob gehackten Kresse vermischen.
2. Den Kopfsalat zerrupfen, waschen, gut abtropfen lassen und in vier
Schüsseln geben.
3. Die Muscheln darauf anrichten.
4. Die Speckscheiben in einer Pfanne ohne Fett knusprig braun braten,
herausnehmen.
5. Die Eier im heißen Fett braten, mit Salz und Pfeffer würzen und zusammen
mit dem Speck auf dem Muschelsalat anrichten.
6. Die Tomate waschen und in Scheiben schneiden.
7. Den Salat mit den Tomatenscheiben und dem Rest der Kresse garnieren.

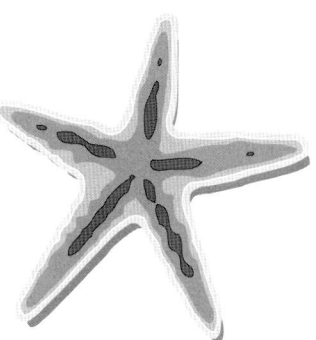

Pikanter Muschel-Cocktail

für 4 Personen

Zutaten: 1 1/2 kg frische Miesmuscheln, 8 Salatblätter, 4 EL Tomaten-Paprika-Streifen (Glas), 200 g tiefgefrorene Erbsen, 4 EL Tomatenketchup, 4 TL saure Sahne, Zitronensaft, Salz, etwas flüssiger Süßstoff, Knoblauchsalz, Tabasco, 1 Sträußchen Petersilie.

Zubereitung:
1. Die Muscheln in leichtem Salzwasser kochen, bis sich die Schalen geöffnet haben. Vollständig abkühlen lassen.
2. Die Salatblätter abspülen, trockentupfen und vier Cocktail-Gläser oder Schälchen damit auslegen.
3. Abwechselnd das aus den Schalen entfernte Muschelfleisch, die Tomaten-Paprika und Erbsen einschichten.
4. Das Petersilien-Sträußchen hacken und mit Tomatenketchup, Sahne, Zitronensaft mischen.
5. Mit den Gewürzen pikant abschmecken und über die Salatzutaten geben.

Muschel-Salat, pikant

für 4 Personen

Zutaten: 1 1/2 kg frische Miesmuscheln, 3 Knoblauchzehen, 2 Möhren, 1 Stange Porree, 1 l Brühe (Instant), 1/4 l trockenen Weißwein, 1 Bd. Lauchzwiebeln, 400 g Champignons, 2 Apfelsinen, 3 EL Öl, 3 EL Zitronensaft, Salz, Pfeffer, Zucker, 1 EL gemischte, gehackte Kräuter.

Zubereitung:
1. Knoblauchzehen und Möhren in Scheiben, den geputzten Porree in Stücke schneiden.
2. Brühe und Wein zum Kochen bringen.
3. Vorbereitetes Gemüse und Muscheln in den Topf geben und ca. 10-15 Min. kochen, bis sich die Schalen geöffnet haben.
4. Die Muscheln mit einer Schaumkelle aus dem Sud nehmen und abkühlen lassen.
5. Lauchzwiebeln und Champignons putzen und waschen. Die Lauchzwiebeln in feine Ringe, die Champignons in feine Scheiben schneiden. Die Apfelsinen schälen, die „Filets" zwischen den umgebenden Häuten herausschneiden. Auspressen und Saft auffangen.
6. Das Muschelfleisch mit den vorbereiteten Zutaten mischen.
7. Aus Öl, Zitronensaft, ausgepreßtem Orangensaft, Salz, Pfeffer und Zucker eine Sauce rühren.
8. Über die Salatzutaten geben, die Kräuter unterheben und alles ca. 30 Min. ziehen lassen.

Nach Wunsch mit Stangenweißbrot und einem kräftigen Weißwein servieren.

Muschel-Salat mit Radicchio und Champignons

für 3-4 Personen

Zutaten: 300 g Muschelfleisch, 300 g Radicchio, 150 g frische Champignons, Saft von 1 1/2 Zitronen , 1 Eigelb, 3 EL Öl, je 2 TL scharfen Senf und Tomatenketchup, 1 Knoblauchzehe, frisch gemahlener Pfeffer, je ein guter Spritzer Worcestersoße und Weißwein, Salz.

Zubereitung: 1. Das Muschelfleisch mit dem in Streifen geschnittenen Radicchio und den blättrig geschnittenen Champignons mischen und sofort mit etwas Zitronensaft beträufeln, damit die Champignons nicht braun werden.
2. Das Eigelb mit Öl wie bei einer Mayonnaise verschlagen, den restlichen Zitronensaft, Senf, Ketchup und den fein zerdrückten Knoblauch zufügen.
3. Mit Pfeffer, Worcestersoße, Weißwein und Salz abschmecken und über den Salat geben.

Kräuter-Muschel-Salat

für 4 Personen

Zutaten: *400 g frisches Muschelfleisch, 2 EL Zitronensaft, Salz, 1 Messerspitze Cayennepfeffer, 4 EL Olivenöl, je 1 EL gehackte Kräuter (Schnittlauch, Petersilie, Dill und Kresse), Salatblätter.*

Zubereitung:
1. *Aus Zitronensaft, Cayennepfeffer und Öl eine Marinade mischen.*
2. *Diese mit den Muscheln mischen und alles gut durchziehen lassen.*
3. *Kurz vor dem Servieren die Kräuter untermischen und den Muschelsalat in Portionen auf den Salatblättern anrichten.*

Mit Stangenbrot, Zitronenscheiben und einem gut gekühlten Chablis reichen.

Karibischer Muschelsalat

für 4 Personen

Zutaten: 1 kg frische Miesmuscheln, einige Salatblätter, 2 Bananen, 3 Ananas-Scheiben, 1 kl. Dose Mandarinen, 2 EL Zitronensaft, 6 EL Öl, Salz, Pfeffer, fertig zu kaufende Pfeffersoße, 3 EL Weinbrand, Mandelsplitter.

Zubereitung: 1. Die Muscheln in leichtem Salzwasser kochen, bis sich die Schalen geöffnet haben.
2. Die Muscheln abschrecken, das Fleisch aus den Schalen nehmen und trocken tupfen.
3. Eine Salatschüssel mit den Salatblättern auslegen.
4. Muscheln, Bananenscheiben, Ananasstücke und Mandarinen vermischen und in die Schüssel geben.
5. Aus den übrigen Zutaten eine pikante Soße rühren.
6. Kurz vor dem Anrichten über den Muschelsalat gießen und darunter heben.

Muschel-Paprika-Salat

für 4 Personen

Zutaten: 750 g frisches Muschelfleisch, 2 Zwiebeln, je 1 rote und grüne Paprikaschote, Salz, Pfeffer, Saft von 2 Zitronen, 4 EL Salatöl, einige Salatblätter.

Zubereitung: 1. Die Zwiebeln in dünne Ringe und den Paprika in Streifen schneiden.
2. Mit Salz, Pfeffer und Zitronensaft kräftig würzen und eine Stunde ziehen lassen.
3. Danach das Salatöl zufügen, untermengen und auf den Salatblättern anrichten.

Muscheln mit Senfmayonnaise

für 4 Personen

Zutaten:
- 2 kg frische Miesmuscheln, 1 Zwiebel, 1 Lorbeerblatt, 1 Tasse Wasser, 1 Messer-spitze. weißer Pfeffer, Saft von 1/2 Zitrone, 3 Eigelb, 1 EL Senf, 4 EL Keimöl, 2 EL Crème fraîche, je 1 Bd. Estragon und Kerbel.

Zubereitung:

1. Die Zwiebeln schälen, in Ringe schneiden. Mit dem Lorbeerblatt und dem Wasser in einem großen Topf zum Kochen bringen.
2. Die Muscheln hineingeben, mit dem Pfeffer überstreuen und ca. 10 Min. zugedeckt garen lassen, bis sich die Schalen geöffnet haben.
3. Nach dem Abkühlen jeweils die Deckelschalen entfernen, auf vier Tellern anrichten und mit Zitronensaft beträufeln.
4. Die Eigelb mit Senf und Salz verquirlen. Das Öl tropfenweise hinzufügen.
5. Die entstandene Mayonnaise mit der Crème fraîche verrühren.
6. Die Hälfte der gewaschenen, getrockneten und grob gehackten Kräuter unter die Mayonnaisen-Creme heben.
7. Jeweils einen Mayonnaisen-Klacks in die Muschelhälften neben das Muschelfleisch geben.
8. Den Rest der gehackten Kräuter zur Dekoration über das Muschelfleisch und die Senfmayonnaise streuen.

Muschel-Toast „Française"

für 4 Personen

Zutaten: *1 kg frische Miesmuscheln, Butter, 1 Zwiebel, 150 g Champignons (Dose), 2-3 TL Pernod, 150 g mittelalten Gouda, 4 Scheiben Toast.*

Zubereitung:
1. *Die Muscheln in einem geschlossenen Topf in leichtem Salzwasser kochen, bis sich die Schalen geöffnet haben.*
2. *Die Grob gehackte Zwiebel in 3 EL heißer Butter andünsten. Die abgetropften Champignons dazugeben, salzen und pfeffern.*
3. *Die Muscheln aus den Schalen nehmen, dazugeben und weitere 5 Min. schmoren lassen.*
4. *Den Pernod zufügen und kurz mitziehen lassen.*
5. *In der Zwischenzeit die Toastscheiben leicht rösten und buttern.*
6. *Die Muschel-Champignon-Masse auf den Scheiben verteilen und den grob geraspelten Gouda darübergeben.*
7. *Unter dem vorgeheizten Grill 5-8 Min. goldbraun werden lassen.*

Spaghetti mit Muschelsauce

für 4 Personen

Zutaten: 250 g frisches Muschelfleisch, 400 g Spaghetti, 2 EL Öl, Salzwasser, 4 große Eier, Salz, 1/4 TL Muskat, Pfeffer, 1 Zwiebel, 1 Knoblauchzehe, 4 EL gehackte Petersilie, 1 TL Oregano, 1/8 l trockenen Weißwein, 1 EL Tomatenmark, Bratensaftextrakt für 1/4 l Flüssigkeit.

Zubereitung: 1. Reichlich Wasser salzen und zum Kochen bringen. 1 EL Öl zugeben und die Spaghetti 12-15 Min. garkochen. Dann die Nudeln abseihen, gut abtropfen lassen und in den Topf zurückschütten.
2. Die Eier gut verquirlen und mit Salz, Muskat und Pfeffer würzen. Die Eier über die Spaghetti geben und die Masse leicht stocken lassen.
3. Für die Muschelsauce die Zwiebel und Knoblauchzehe schälen und fein würfeln.
4. Das Öl erhitzen, Zwiebel, Knoblauchzehe, Petersilie und Oregano dazu geben und alles ca. 3 Min. dünsten.
5. Den Bratensaftextrakt in Wasser auflösen.
6. Muscheln, Weißwein, Tomatenmark und Bratensaft zu der angedünsteten Masse geben. Alles gut verrühren und die Sauce noch ca. 5 Min. ziehen lassen, nachwürzen und mit den Spaghetti anrichten.

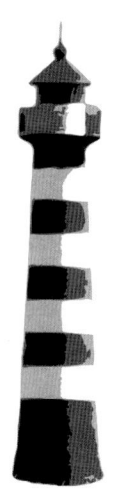

Torte mit Meeresfrüchten

für 4 Personen

Zutaten: 500 g frisches Miesmuschelfleisch, 500 g Jakobsmuscheln, 150 g
Tiefseekrabben, 250 g Mehl, 175 g Butter, 1 Prise Salz, 4 EL Wasser,
1/8 l Brühe, je 1 Messerspitze Muskatnuß und Knoblauchpulver,
1 Bd. Petersilie.

Zubereitung: 1. Aus 225 g Mehl, 150 g Butter, Salz und Wasser einen Mürbeteig zubereiten.
Den Teig im Kühlschrank eine Std. ruhen lassen.
2. Aus dem restlichen Mehl und Fett eine helle Schwitze bereiten, mit der
Brühe aufgießen und kurz aufkochen.
3. Mit Salz, Pfeffer und Muskat abschmecken.
4. Den Mürbeteig ausrollen und in eine gebutterte Tortenform drücken. Mit
einer Gabel mehrmals einstechen und im vorgeheizten Backofen bei 220°
15 Min. hellgelb backen.
5. Auf dem Tortenboden das Miesmuschelfleisch, die Jakobsmuscheln und
Krabben verteilen, mit Muskat und Knoblauch würzen.
6. Die Mehlsauce darübergießen und alles 10 Min. überbacken.
7. Mit gehackter Petersilie bestreuen und sofort servieren.

Hierzu schmeckt Stangenbrot, grüner Salat und ein spritziger, gut gekühlter Weißwein.

Muschel-Toast

für 4 Personen

Zutaten: 1 1/2 kg frische Miesmuscheln, 4 Scheiben Toastbrot, 4 Eier,
1 EL Tomatenketchup, 3 EL Wasser, Salz, Pfeffer, frische Kresse, 2 EL Fett.

Zubereitung:

1. Die gereinigten Muscheln in etwas Salzwasser kochen, bis sich die Schalen geöffnet haben. Die Muscheln kurz kalt abschrecken und das Fleisch aus den Schalen lösen.
2. Das Brot leicht rösten und mit etwas Muschelbrühe beträufeln.
3. Die Eier mit Ketchup, Wasser, gehackter Kresse, Salz und Pfeffer verquirlen.
4. Das Fett in einer Pfanne erhitzen und die Eimasse unter langsamem Rühren flockig stocken lassen.
5. Das Rührei auf den Toastscheiben verteilen und die Muscheln darüber häufeln.
6. Nach Belieben mit der frischen Kresse dekorieren.

Muschel-Gratin

für 4 Personen

Zutaten: 2 kg frische Miesmuscheln, 150 g frische Champignons, 50 g geriebener Käse, 2 Tassen dicke Béchamelsoße, 25 g Butter, Semmelbrösel.

Zubereitung: 1. Die Muscheln in leichtem Salzwasser kochen, bis sich die Schalen geöffnet haben. Kurz mit kaltem Wasser abschrecken und das Muschelfleisch entnehmen.
2. Die Muscheln mit den blättrig geschnittenen Champignons und der Béchamelsoße vermischen. Alles in vier kleinere oder eine größere ofenfeste Form geben.
3. Mit Semmelbrösel und geriebenem Käse bestreuen und mit Butterflöckchen bestecken.
4. Im heißen Backofen gratinieren.

Muscheln à la Springer

für 4 Personen

Zutaten: 1 kg frische Miesmuscheln, 3 Tomaten, 200 g Zuckermais, 2 EL Butter, Salz, Pfeffer, 2 EL fertige Kräuterbutter, 2 Stengel frische Petersilie, geriebener Parmesankäse.

Zubereitung:

1. Die Muscheln in leicht gesalzenem Wasser kochen, bis sich die Schalen geöffnet haben. Etwas abkühlen lassen, dann das Muschelfleisch entnehmen.
2. Die Tomaten kreuzweise einritzen, kurz abbrühen, die Häute abziehen und würfeln.
3. Die Tomatenwürfel in der Butter dünsten, die Maiskörner dazumischen.
4. Die Petersilie klein hacken und zusätzlich unter die Kräuterbutter mischen.
5. Große Schalenhälften aussuchen und jeweils eine Schicht Tomaten-Mais in die Muschelhälften geben. Darauf 1 Stck. Muschelfleisch. Auf dieses wiederum einen kleinen Klacks Kräuterbutter.
6. Inzwischen den Backofen auf 250° vorheizen. Die Muscheln in vier feuerfeste Schalen geben, mit dem Parmesankäse überstreuen und ca. 5 Min. überbacken, bis der Käse geschmolzen ist.

Muschel-Pizza

für 2 Personen

Zutaten: 1/2 kg frische Miesmuscheln - Teig: 250 g Mehl, 20 g Hefe, 1/2 Tasse lauwarme Milch, Salz, 5 EL Öl - Belag: Muscheln, 3 EL Öl, 200 g Zwiebeln, 1 Knoblauchzehe, Pfeffer, Thymian, Basilikum, 200 g Emmentaler Käse, 50 g Parmesankäse, 250 g Tomaten, 1 Glas Oliven (Fruchteinwaage 85 g).

Zubereitung:
1. Die Muscheln waschen, säubern und in leichtem Salzwasser kochen, bis sich die Schalen geöffnet haben.
2. Alle Zutaten für den Teig in eine Schüssel geben und mit Handmixer o.a. zu einem geschmeidigen Teig verkneten.
3. Den Teig flach in eine gefettete Springform geben und im Backofen aufgehen lassen (50° ca. 5-10 Min.).
4. Für den Belag die in Ringe geschnittenen Zwiebeln und die feingehackte Knoblauchzehe mit 1 EL Öl goldgelb braten.
5. Die abgekühlten Zwiebeln auf dem Teig verteilen. Pfeffer, Thymian und Basilikum überstreuen.
6. Den Käse mit dem Mixer zerkleinern und zur Hälfte über die Zwiebeln streuen.
7. Die abgekühlten Muscheln aus den Schalen nehmen, mit Tomaten- und Olivenscheiben auf der Pizza verteilen und den restlichen Käse darüber geben.
8. Die Pizza im auf 200° vorgeheizten Backofen, auf mittlerer Schiene, ca. 20-30 Min. backen.

Muschel-Spieße „Sylt"

für 4 Personen

Zutaten: 400 g frisches Muschelfleisch, 50 g durchwachsener Speck, 100 g große TK-Krabben oder Shrimps, 12 Perlzwiebeln, 1 Spritzer Sojasauce, Saft von 1/2 Zitrone 3 EL Öl, Chilipfeffer, Salz.

Zubereitung:
1. Den Speck in schmale Stücke schneiden.
2. Die Muscheln abwechselnd mit Krabben, abgetropften Perlzwiebeln und den Speckstückchen auf Spieße stecken.
3. Die Spieße kurz in einer Marinade aus Sojasauce, Zitronensaft und Öl marinieren.
4. Unter den Grill geben und einmal wenden. Mit Salz und ein wenig Chilipfeffer nachwürzen und zu Toast reichen.

Muscheln mit Pizzaiola-Füllung

für 4 Personen

Zutaten: 2 kg frische Miesmuscheln, 1/2 l Weißwein, 1/2 l Wasser, 1 Bd. Suppengrün, 2 Zwiebeln, 1 TL Pfefferkörner, 1 TL Thymian, 1 Lorbeerblatt, 2 EL Tomatenmark, 2 gehäutete Tomaten (Dose), 1 Knoblauchzehe, 1 TL Oregano, 2 EL geriebener Parmesan, 2 EL Olivenöl, Salz.

Zubereitung:

1. Das Suppengrün putzen, waschen und kleinschneiden. Die Zwiebeln in Ringe schneiden.
2. Beides in einem mit dem Wein und Wasser gefüllten Topf zum Kochen bringen.
3. Mit Pfefferkörnern, Thymian, Lorbeerblatt und Salz würzen.
4. Die Muscheln in den kochenden Sud geben und garen lassen, bis sich die Schalen geöffnet haben.
5. Die Muscheln mit der Schaumkelle herausnehmen und kurz unter kaltem Wasser abschrecken. Leere Schalenhälften abbrechen.
6. Die gefüllten Schalenhälften auf spezielle Muschelteller oder auf ein „Salzbett" geben (siehe u.a. Tip).
7. In der Zwischenzeit die Tomaten zerkleinern, die Knoblauchzehe zerdrücken und beides mit dem Tomatenmark sowie dem Oregano vermischen.
8. Die Mischung über das Muschelfleisch geben.
9. Mit Käse überstreuen und Öl beträufeln und alles im vorgeheizten Ofen überbacken, bis der Käse leicht gebräunt ist.

Wenn man keine Muschelteller zur Verfügung hat, kann man sie auch in ein „Salzbett" setzen. Dazu wird ein Backblech dick mit Salz bestreut. Das Rezept läßt sich mit dem Rezept „Muscheln mit Kräuter-Mandel-Füllung" (Seite 101) gut kombinieren..

Gegrillte Muscheln mit Senfsauce

für 4 Personen

Zutaten: 2 kg frische Miesmuscheln, 200 g gekochter Schinken, 1 Zucchini, 100 g Mais, 1/2 Bd. Petersilie, je 2 EL Öl und Paprika, edelsüß, 50 g Semmelbrösel. Für die Soße: 200 g Mayonnaise, scharfer Senf nach Geschmack, 50 g Senfgurken, 1 Bd. Dill, Salz.

Zubereitung:
1. Die Muscheln in Salzwasser kochen, bis sich die Schalen geöffnet haben.
2. Die Muscheln kurz mit kaltem Wasser abschrecken und das Fleisch aus den Schalen nehmen.
3. Schinken und Zucchini sehr fein würfeln, mit dem Mais gemischt in die Muschelschalen füllen und je ein Stück Muschelfleisch dazugeben.
4. Die Petersilie fein hacken, mit Öl und Paprika mischen und dünn über die Muscheln streuen. Darüber eine feine Schicht Semmelbrösel.
5. Im Ofen grillen, bis die Brösel leicht braun werden.
6. Zwischendurch die Mayonnaise mit dem Senf verrühren, feingehackte Gurken und Dill untermischen und pikant abschmecken.

Die Soße getrennt zu den gegrillten Muscheln servieren.

Muschel-Pasteten „Windsor"

für 4 Personen

Zutaten: 1/2 kg frische Miesmuscheln, je 1/4 l trockener Weißwein und Wasser,
4 fertige Blätterteigpasteten, 2 hartgekochte Eier, 2 Frühlingszwiebeln,
1 Eigelb, je 1 EL gehackte Petersilie und Dill, 2 Blättchen gehackte Minze, 4 EL
grob geriebener Edamer, weißer Pfeffer, Salz, Zitronensaft, flüssiger Süßstoff.

Zubereitung: 1. Die Muscheln in leichtem Salzwasser kochen, bis sich die Schalen geöffnet
haben.
2. Die harten Eier fein würfeln und die Zwiebeln fein schneiden.
3. Alles zusammen mit dem Eigelb sowie den Kräutern vermischen und den Teig
mit Salz, Pfeffer, ein paar Tropfen Zitronensaft, ein paar Tropfen Süßstoff
und einem Schuß vom Wein abschmecken.
4. Parallel hierzu die Pasteten kurz im Ofen vorbacken.
5. Das Muschelfleisch aus den Schalen nehmen und mit der Ei-/Kräutermasse
vermengen.
6. Die Pasteten füllen, den Käse drüberstreuen und noch 5-8 Min. im Ofen
überbacken.

Reichen Sie zu dieser originellen Vorspeise den auch zum Kochen verwendeten Weißwein.

Muschelspieße mit Speck und Ananas

für 4 Personen

Zutaten: 1 kg frische Miesmuscheln, 1 kleine Dose mit Ananasstückchen, 250 g Frühstücksspeck, 2 hartgekochte Eier, 1 mittelgroße Zwiebel, Petersilie, Estragon, Dill, Zitronenmelisse, Basilikum, 1 Tasse Olivenöl, Zitronensaft, Salz und Pfeffer.

Zubereitung:
1. Das Muschelfleisch aus den in leichtem Salzwasser gekochten und geöffneten Muscheln herauslösen.
2. Die größten Muscheln auswählen und jeweils einen kleinen Streifen Speck darumwickeln.
3. Die umwickelten Muscheln und die gut abgetropften Ananasstückchen abwechselnd auf Zahnstocher stecken.
4. Ca. 5-8 Minuten bei einmaligem Wenden grillen.
5. Parallel dazu Eier und Kräuter fein hacken. Mit Öl, einem Schuß Zitronensaft und Gewürze so lange verrühren, bis eine cremige Soße, eine „italienische grüne Soße" entsteht, die zu den Muschelspießchen gereicht wird.

Die grüne Soße ist besonders sämig, wenn sie mit Sahne verfeinert wird.

Fritierte Miesmuscheln

für 4 Personen

Zutaten: 3 kg frische Miesmuscheln, 1/4 l Wein, 1/4 l Wasser, 5 Pfefferkörner, 4 Wacholderbeeren, 1 Lorbeerblatt, 100 g Mehl, 3 Eier, 100 g Semmelmehl, Frittierfett, 1 Bd. Petersilie, 1 Zitrone, Salz, Pfeffer.

Zubereitung:
1. Wein, Wasser, Pfefferkörner, Wacholderbeeren, Lorbeerblatt, Salz und Pfeffer in einen großen Topf geben unf kurz aufkochen.
2. Die sorgfältig gereinigten Muscheln in den Topf geben und kochen, bis sich die Schalen geöffnet haben. Muscheln herausnehmen, etwas abkühlen lassen, dann das Muschelfleisch aus den Schalen nehmen.
3. Die Muscheln nacheinander in Mehl, geschlagenem Ei und Semmelmehl wenden.
4. In der Friteuse schön knusprig backen.
5. In eine vorgewärmte größere, flache Schale geben. Mit Zitronenscheiben und Petersilie garnieren.

Hierzu schmeckt auch gut die Zitronen-Mayonnaise aus dem Rezept von Seite 20.

Muscheln mit französischem Käsegratin

für 4 Personen

Zutaten: 1 kg frische Miesmuscheln, 1/4 l Wasser, 60 g Schalotten, 150 g französischer Frischkäse mit feinen Kräutern (70 g Fett), 1 EL feingeschnittenes Basilikum, 2 EL Schlagsahne, 200 g feste Tomaten, 4 Eßlöffel frisch geriebenes, 2 Tage altes Weißbrot.

Zubereitung:
1. Die Muscheln in leichtem Salzwasser kochen, bis sich die Schalen geöffnet haben.
2. Inzwischen die Schalotten hacken und mit Käse, Kräutern und Sahne verrühren.
3. Die Tomaten überbrühen, abziehen, vierteln, entkernen und in Streifen schneiden.
4. Das Muschelfleisch aus den Schalen nehmen, dabei die großen Schalen zum Überbacken aufbewahren.
5. Das Muschelfleisch jeweils in eine Schalenhälfte setzen, Tomatenstreifen dazulegen und Käsecreme darüberstreichen.
6. Die gefüllten Muscheln auf ein Backblech legen, mit dem geriebenen Brot bestreuen und im vorgeheizten Backofen bei 225° ca. 10-15 Min. überbacken (gratinieren).

Damit die Muschelschalen nicht zur Seite kippen, sollten sie auf ein „Salzbett" gesetzt werden, das heißt, dafür das Backblech dick mit Salz bestreuen.

Muscheln mit Kräuter-Mandelfüllung

für 4 Personen

Zutaten: 2 kg frische Miesmuscheln, 1/2 l Weißwein, 1/2 l Wasser, 1 Bd. Suppengrün, 2 Zwiebeln, 1 TL Pfefferkörner, 1 TL Thymian, 1 Lorbeerblatt, 50 g Butter, 3 Eigelb, 1 Knoblauchzehe, 1 Bd. Petersilie, 2 TL Basilikum, 2 EL Mandelblättchen, Salz.

Zubereitung:
1. Das Suppengrün putzen, waschen und kleinschneiden. Die Zwiebeln in Ringe schneiden.
2. Beides in einem mit dem Wein und Wasser gefüllten Topf zum Kochen bringen.
3. Mit Pfefferkörnern, Thymian, Lorbeerblatt und Salz würzen.
4. Die Muscheln in den kochenden Sud geben und garen lassen, bis sich die Schalen geöffnet haben.
5. Die Muscheln mit der Schaumkelle herausnehmen und kurz unter kaltem Wasser abschrecken. Leere Schalenhälften abbrechen.
6. Die gefüllten Schalenhälften auf spezielle Muschelteller oder auf ein „Salzbett" geben.
7. Zwischenzeitlich die Butter zerdrücken und mit den Eigelb sowie der zerdrückten Knoblauchzehe mischen. Die kleingehackten Kräuter und die Mandelblättchen unterrühren.
8. Die Kräuter-Mandel-Mischung über das Muschelfleisch geben und alles im vorgeheizten Ofen leicht braun backen (ca. 10-15 Min.).

Wenn man keine Muschelteller zur Verfügung hat, kann man sie auch in ein „Salzbett" setzen. Dazu wird ein Backblech dick mit Salz bestreut.

Muschel-Spießchen

für beliebig viele Personen

Zutaten:
Pro Person 5-7 frische Miesmuscheln, ebenso viele kleine Scheiben Rauchspeck, 1 Bd. Suppengrün, 1 große Zwiebel, 1/2 l Weißwein, Salz, Pfeffer, Lorbeerblätter, Butter zum Anbraten, Paniermehl, frischer Zitronensaft, Remouladen- oder Cocktailsoße.

Zubereitung:
1. Die Muscheln nach gründlicher Säuberung mit dem geputzten und kleingeschnittenen Suppengrün in dem Wein kalt aufsetzen.
2. Zwiebel, Salz, Pfeffer und Lorbeerblätter dazugeben, kurz aufkochen und 15 Min. ziehen lassen.
3. Die Muscheln aus den Schalen nehmen und abwechselnd mit den Rauchspeck-Scheiben auf Zahnstocher spießen.
4. In einer Pfanne in Butter kurz rundherum anbraten, in Paniermehl wenden und unter dem Grill 3-5 Min. überbacken.
5. Mit Salz und Pfeffer würzen.
6. Mit Zitronensaft und Remouladen- bzw. Coctailsoße servieren.

Muscheln mit Käse

für 4 Personen

Zutaten: 1 kg frische Miesmuscheln, 150 g Roquefortkäse (oder Blauschimmelkäse), 1 Becher Schlagsahne (200 g), 1 Eigelb, frisch gemahlener Pfeffer, etwas Zitronensaft, Fett.

Zubereitung:
1. Die Muscheln in leichtem Salzwasser kochen, bis sich die Schalen geöffnet haben.
2. Den Käse mit einer Gabel zerdrücken, Sahne und Ei zugeben und verrühren.
3. Mit Pfeffer und Zitronensaft abschmecken.
4. Das Muschelfleich aus den Schalen nehmen und in eine gefettete, ofenfeste Schale geben.
5. Die Käsecreme darübergeben und im Backofen bei 200° backen.

Dazu paßt Baguette am besten.